对外汉语本科系列教材

语言技能类(二年级)

U1002662

汉语听说教程(下)

学习参考

赵 菁 主 编

赵 菁 梁彦民 孙欣欣 编

北京语言大学出版社
BEIJING LANGUAGE AND CULTURE
UNIVERSITY PRESS

目　　录

第十三课　有话好好说

说　明

教学目的：通过本课的学习，输入家庭矛盾、人生观、面子问题等话题，使学生学会劝解与阻止的表达形式，并恰当地运用这些表达形式处理一些面临的困难和问题，在交往中准确地传达自己的意图。

话　　题：家庭矛盾、失恋与自杀（人生观探讨）、超车（面子问题）、性格问题（讲话方式、处世方式）

表达形式：除此之外、动不动……、假如、不妨、光顾了……、即使……也……、或早或晚、大不了、一个劲儿

文 化 点：性格与处世方式

功　　能：劝解（建议、提醒、忠告、教导、劝慰）
阻止（申斥、命令、警告）

（一）劝解

本课劝解这一功能包括建议、提醒、忠告、教导、劝慰这几项，主要练习项为忠告与劝慰。

1. 建议

你看这件事这样处理行不行？
此事最好由你丈夫出面解决。
您看这件事能不能……能不能私了？
您批评教育几句不就得了……要不您罚点儿钱也行……
假如不能满足的话，也不妨把你们的经济情况向老人坦率地说明……
有什么意见，你不妨对他直说。
你不会不理他？

2. 提醒

在劝解时，提醒语气比较委婉、客气。

你想没想过呢？也许你丈夫也有他的难处。
你想没想过这一点……
你只要动动脑子，换一种方式……
难道你就不能拐个弯？
我知道……，但事情并不像你想的那样简单。

3. 忠告

相对于提醒，忠告语气则略重。

你和你丈夫商谈时，也要保持冷静。可千万别赌气不回家！

千万别赌气，那只会使事情变得更糟糕，你说是吧？

我知道你是实话实说，但说话也得讲究方法是不是？

所以我说，说话办事得讲究方式方法。

同样的一句话，你为什么不能说得委婉一些呢？

能不伤害对方而解决问题，为什么要去伤害对方呢？

4. 教导

我觉得呢，一对好夫妻，不仅要相互依赖，还要相互关心。

要努力工作。

记住妈妈的话，人生对我们来说只有一次。

人的生命是很宝贵的，要善待自己的生命。

有时候，直来直去并不是优点。

5. 劝慰

你别着急，慢慢说，你是不是遇到了什么不顺心的事？

你先别急，请等一等，你能不能告诉我你们之间的分歧主要是什么？

我觉得这件事呢，你首先得冷静下来，好好地想一想……

有话好好说，有事好好商量。

你别想得太多。

振作一点，亚娟！

算了，算了……

您……您别生气！

您可千万别生气！

（二）阻止

本课涉及阻止的有申斥、命令、警告几项，主要练习申斥。

1. 申斥

申斥是用比较强硬的态度和语气指责、教育对方。

我说你们两个说够了没有？

2. 命令

命令一般用于上级对下级或长辈对晚辈。

把本儿拿过来！

3. 警告

警告的语气很重，并经常含有不客气、威胁的语气。

你这是什么意思，你说清楚点儿！

练 习 答 案

听力练习答案

听力1　练习二 1. D　2. A　3. C　4. B

　　　　练习三 1. √　2. ×　3. √　4. √　5. ×　6. ×　7. √　8. √

听力3　练习二 1. √　2. ×　3. ×　4. ×　5. √　6. √　7. √　8. ×　9. √

表达练习参考答案

练习二 使用劝解或阻止的语气完成对话：

1. A：这件事恐怕不容易私了，对方的要价太高，你说我该怎么办？
   B：我觉得你还是应该通过法律的途径来解决。
2. A：你说我怎么这么糊涂呀，把相机落在出租车里了，又没开票，又没记车号！
   B：嗨，想开点儿，破财免灾。
3. A：我现在哪儿有心情吃饭？我真的一口都吃不下。
   B：你的心情我能理解，但是人总不能不吃饭哪。
4. A：放心吧，我醉不了。
   B：不行，你不能再喝了！
5. A：他的脾气我真是受不了！
   B：算了，他这人跟谁都这样，你别生气。
6. A：我越是让步他越是挑衅。
   B：对他这种人就不能让步！
7. A：找不到工作，一家老小吃什么？
   B：别着急，面包总会有的。

练习三 用指定词语完成句子：

1. 教育孩子要有耐心，不能动不动就发脾气。（动不动）
2. 让下岗就下呗，不行就去扫马路，没什么大不了的。（大不了）
3. 买的时候我没注意衣服的扣子少了一个，光顾了讨价还价了。（光顾了……）

4. 别说你当时根本就不在场，即使你在场也帮不了什么忙。
(即使……也……)

5. 要办的事很多，什么证明啦、介绍信啦，除此之外还要盖很多公章。
(除此之外)

6. 如果你对这个问题感兴趣，不妨深入研究一下。 (不妨)

7. 我想我们最好还是告诉他，这件事他或早或晚都会知道的，最后再告诉他就不好了。 (或早或晚)

8. 这对他来说是一次不小的挫折，假如他性格不那么坚强的话，他早就倒下了。 (假如)

9. 我觉得他一定很为难，既不能反对，更不能同意。(既不……更不……)

10. 我只不过是打碎了一个杯子，值得生这么大的气吗？ (值得)

11. 他已经够着急的了，你还一个劲儿地催他。 (一个劲儿)

录音材料

听力材料1　热线电话

生活中有时会碰到一些不顺心的事，如果正好身边没有人可以诉说的话，你可以拨打热线电话，它将随时等候为你服务……

请听录音《热线电话》……

主持人：喂，这里是301热线，请问这位朋友贵姓？

刘女士：免贵姓刘。

主持人：刘女士，你好！请问，你想跟我们谈点什么呢？

刘女士：我……我心里很乱。

主持人：你别着急，慢慢说，你是不是遇到了什么不顺心的事？

刘女士：是的。是这样……我结婚十年了，夫妻感情一直很好，可自从今年年初把我婆婆从老家接来后，家里的矛盾就接连不断，我和我爱人在对待他母亲的问题上发生了严重的分歧，我……我真不想再回那个家了。

主持人：你先别急，请等一等，你能不能告诉我你们之间的分歧主要是什么？

刘女士：我爱人的母亲来自农村，没有收入，我知道赡养老人是我们做子女的应尽的义务，我并没有反对他给他母亲生活费，甚至零用钱，老人的吃、穿、住我们全都包了。可除此之外，她还向我爱人要这要那，看见家里什么东西好，就要求儿子给老家也寄去一份，还动不动就拿自己过去所受的苦来教育儿子。我爱人对他母亲的要求从不拒绝，将我们多年的积蓄一点点地耗尽。我认为他的做法伤害了我和我女儿的利益，也伤害了他自身的利益，我不知该如何处理这件事。

主持人：那你爱人是怎么说的呢？

刘女士：他说，老人活了七十多岁也没享过什么福，她要就给她吧。

主持人：刘女士，我觉得这件事呢，你首先得冷静下来，好好地想一想，千万别赌气，那只会使事情变得更糟糕，你说是吧？你刚才说过，你和你丈夫结婚十年，夫妻感情一直很好，我觉得呢，一对好夫妻，不仅要相互依赖，还要相互关心。你想没想过呢？也许你丈夫也有他的难处，他既不愿伤害你们夫妻之间的感情，更不愿做个不孝之子。你婆婆呢，来自农村，可能她认为你们的经济条件比较好，才会提出各种要求……你看这件事这样处理行不行？对于老人的要求呢，合理的一定要设法满足，不合理的呢，要根据你们的经济情况而定。假如不能满足的话，也不妨把你们的经济情况向老人坦率地说明，我想你婆婆也会理解的。当然，和老人交谈时，要讲究方式方法，有话好好说，有事好好商量。此外，此事最好由你丈夫出面解决，你和你丈夫商谈时，也要保持冷静。可千万别赌气不回家！

刘女士：（笑）我刚才说的也是气话，哪能呢？

主持人：好，我们相信你会有能力解决这个问题的。那我们今天就谈到这儿好不好？

刘女士：好的，谢谢！

二、根据录音内容选择正确答案：

1. 使刘女士感到不愉快的是什么？
   A. 婆婆没有收入　　B. 婆婆来自农村
   C. 要负担婆婆的生活费　　D. 婆婆要这要那
2. 刘女士的爱人的表现是怎样的？
   A. 对母亲的要求从不拒绝　　B. 设法耗尽母亲的积蓄
   C. 对母亲的行为进行教育　　D. 不赡养老人
3. 刘女士的婆婆来了之后，她的家发生了什么变化？
   A：夫妻感情越来越好　　B. 经济条件有很大改善
   C. 家庭矛盾接连不断　　D. 丈夫不再回家
4. 热线的主持人建议对老人的合理要求该怎么办？
   A. 要根据对方的经济情况而定　　B. 一定要设法满足
   C. 要设法加以拒绝　　D. 要由丈夫出面拒绝

三、根据录音内容判断正误：

1. 丈夫和妻子在如何对待母亲的问题上发生了分歧。

2. 妻子认为赡养婆婆不是自己应尽的义务。
3. 丈夫宁愿夫妻感情受伤害也不愿做个不孝之子。
4. 丈夫不拒绝老人的要求是因为他认为老人一辈子没享过什么福。
5. 老人经常拿儿子过去所受的苦来教育他。
6. 夫妻结婚十年,感情一直不好。
7. 主持人建议有话好好说。
8. 主持人对刘女士的劝解起了作用。

听力材料 2　善待生命

亚娟的妈妈对亚娟说:要善待生命,生命对我们来说只有一次……请听录音《善待生命》……

妈妈:亚娟,你在呀,为什么不开灯?
亚娟:唔。
妈妈:亚娟,你看我给你买回什么来了?你最爱吃的螃蟹!
亚娟:……
妈妈:亚娟,你也刚下班吗?你怎么不说话?亚娟?
亚娟:……
妈妈:你的脸色怎么这么不好,是不是不舒服?
亚娟:……
妈妈:告诉妈妈,出了什么事?
亚娟:妈妈,小洁死了,我的好朋友。
妈妈:她是怎么死的?
亚娟:自杀。她男朋友抛弃了她,和一个女同事好上了。
妈妈:为这种人死多不值得!
亚娟:她前些天还跟我说,她要彻底忘记这件事,重新开始新的生活,可没想到她这么快就自杀了。妈妈,我这两天本应该去看她的,我光顾了忙自己的事了。
妈妈:亚娟,即使你去看她,也安慰不了她。
亚娟:可是,我总觉得我也许可以阻止她,我是她最好的朋友,如果那时我在她身边开导她几句,她也许就不会去死了。她死前一定觉得很孤独。
妈妈:亚娟,友情代替不了爱情,你别想得太多。你还年轻,第一次遇到这种事,身边这么近的人突然死了,是会很难过的,等你到了妈妈这个年纪,会常常遇到这种事,老同学、老朋友会一个一个地从你身边消失。
亚娟:妈妈,我觉得生命真是太脆弱了,妈妈,我今天一直在想,人活着到底是为了什么?

妈妈：每个人都会或早或晚地想到这个问题的。

亚娟：但我怎么找也找不到答案。

妈妈：有的人的答案很快就找到了，有的人找了一生都找不到，你才刚开始寻找。

亚娟：妈妈，我一闭上眼，就好像看见小洁穿着花衣服，朝我走来。我很难相信她再也不会回来了。

妈妈：亚娟，这是每个朋友都会产生的感觉，你太悲伤了。振作一点，亚娟！记住妈妈的话，人生对我们来说只有一次，人的生命是很宝贵的，要善待自己的生命。有些东西失去了还可以找回来，有些东西失去了就永远也找不回来了。

亚娟：妈妈，小力也这样说，她说，小洁是因为把一切都想得太美好了，才会这么容易失望。我们应该想开点儿，其实，人的一生本来就要经历无数次的挫折，有欢乐，也有痛苦；有成功，也有失败，这才是真正的人生。

妈妈：小力说得对。

亚娟：可我还是觉得心里非常非常地难受。

听力材料3 面　　子

人人都爱面子，而对于某些人来说，面子有时候比人的性命还要重要。你不信吗？请听录音《面子》……

人人都爱面子，本来这是很容易理解的，但值得深思的是，社会究竟让人们觉得什么事是有“面子”的，什么事是没“面子”的。

请听下面的对话：

警　　察：说吧，怎么回事？为什么超速行驶？

当事人A：报告警察先生，这是他的问题！他从后边超车，超完也不看看拉没拉开距离就往这条线上并，故意别我。

当事人B：谁别你了？你既然看到我在超车，我已经打左灯，都超出三四米了，你干吗突然加速？

当事人A：我走我的，你走你的，有本事就超，没本事减速后面跟着。你懂不懂？还“嘀嘀、嘀嘀”一个劲儿地按喇叭，你烦不烦？

当事人B：我按喇叭是想请你让路，你既然不愿让，我超还不行吗？

当事人A：当然不行，国有国法，行有行规，你懂规矩不懂？你刚拿几天本儿呀，你！

警　　察：什么规矩？

当事人A：他这不是不给面子吗？凭什么？就凭他是辆好车？

当事人 B：我以为什么大不了的呢，拼命地咬住我不放，原来是要找回面子。

当事人 A：人活脸面树活皮，你不要面子我还要呢！

当事人 B：你这是什么意思，你给我说清楚点儿！

当事人 A：什么意思？你自己慢慢想去吧！

当事人 B：你——

当事人 A：我怎么了，我？

警　　察：我说你们两个说够了没有？

当事人 B：是他老没完没了的，本来没什么大不了的事，不就是个超车吗？我的车都过去了，他非得追上来跟我比，非得论个高低，拼个输赢不可。

警　　察：你不会不理他？

当事人 B：不理他？不理他他斗气呀！

当事人 A：是你先挑衅的！超就超吧，没事一个劲儿地按什么喇叭！警察同志，您说说看，您说说他气人不气人？警……，您……您别生气！

警　　察：我生什么气，我看着你们俩吵呢！

当事人 B：算了，算了，我们……我们这是私人……私人矛盾，好，好，我们不说了，一句也不说了，您可千万别生气！您看这件事能不能……能不能私了？

警　　察：私了？不吵啦？

当事人 A：不吵了，坚决不吵了！

警　　察：把本儿拿过来！

当事人 A：您看您还真生气了，您批评教育几句不就得了……

当事人 B：真的，要不您罚点儿钱也行，千万别拿本儿……

警　　察：（严厉地）把本儿拿出来！

二、根据录音内容判断正误：

1. 一些人为了面子连自己的命都不顾了。
2. 超车的人是故意别对方的。
3. 超车人在超车时忘了打左灯。
4. 被超的人是在对方超车之前加速的。
5. 被超的人很讨厌对方在后面按喇叭。
6. 被超人认为对方不懂规矩，不给他面子。
7. 被超人拼命咬住对方不放是为了找回面子。
8. 这两个人虽然在斗气，但并没违反交通规则。
9. 警察不同意他们私了。

第十四课　各执一词

说　明

教学目的：通过本课的学习，要求学生能够就某一话题发表个人的看法并与持不同见解的人进行争论，灵活地运用汉语中一些常见的表示议论与争执的表达形式与人交换不同看法。

话　　题：孩子的学习问题、是非问题、投资环境、婚外恋

表达形式：至于、除了……还是……、什么 A 不 A 的、固然、不单是、大致

文 化 点：言语策略——抓住对方话柄

功　　能：议论（感慨、评说、阐述）
争执（指责、反驳、申辩、质问）

（一）议论

本课议论包括感慨、评说、阐述，主要练习的是阐述。

1.感慨

你不想想，现在是什么时代呀？

我看现在的孩子已经够可怜的了。

你看看现在北京的交通！

2.评说

天下有多少父母在为孩子的学习而烦恼着……

在如何对待孩子的学习的问题上，夫妻双方之间又爆发过多少次的争吵了……

我看小远的成绩还可以嘛！

孩子每天除了学习还是学习，时间长了，就没兴趣了。

3.阐述

孩子能考上大学固然好，真的考不上也没什么。

这也不单是汽车的问题。土地问题主要是……，交通问题首先是……

我觉得这和发展彩电、冰箱还不是一个性质的问题……

我认为我们应该把厂建在 A 市。

我倒认为选择 B 市对我们更加有利。

（二）争执

争执包括指责、反驳、申辩、质问，这里主要练习的是反驳与质问。

1. 指责

你也不着急，还有心思看电视？

你倒真放心，什么都不管。

孩子学习成绩怎么样、经常跟什么人在一起，你从来也不过问一下儿。

你也不能管得太死。

2. 反驳

我可不这么认为。

着什么急？

什么兴趣不兴趣的？

不至于吧？

你以为就你知道心疼孩子？

我难道不知道他累？

不就是回来晚一点儿吗？

不就是监督监督他做做功课吗？

正因为如此，我们才更应该多鼓励他，给他动力，而不是压力。

不管你承不承认，反正现在没地儿停车。

冰箱也污染环境，谁也没说把冰箱厂都关了。再说汽车工业本身也在朝环保的方向发展呢！

我承认你所说的……但是，你别忘了……

你只看到了问题的一面……

3. 申辩

我只知道对孩子有时就得强迫，不然怎么能考得上大学？

你别总歪曲我的意思，我是说……。

我这样做还不是为了他好？

我是说，也不能为了分数，剥夺了孩子们的一切自由。

那是因为我们的停车场少……，再说……

4. 质问

明年孩子就要考高中了，万一考不上怎么办？

辅导书上的题不做了？做完了不检查了？

你还能老让他看电视、看小说？还能老让他在外面玩儿、跟一些成绩差的同学鬼混？

扫大街也是自食其力，你让他去吗？

给世界造成工业污染最严重的难道不是那些发达国家？

如果家家都有汽车，那要修多少停车场和道路？今后你让农村拿什么来生产粮食？城市拿什么来修建绿地？

练 习 答 案

听力练习答案

听力1 练习一 1. B 2. D 3. B 4. D

练习二 1. √ 2. √ 3. √ 4. × 5. × 6. √ 7. √ 8. × 9. × 10. ×

听力2 练习二 1. D 2. A 3. C 4. C 5. D 6. B

表达练习参考答案

练习二 按括号中说话人的意向来完成下列会话：

甲：撒谎！

乙：真的，不信你问张军。 （申辩）

甲：那我问你，是朋友重要还是训练重要？

乙：那还用问，当然是训练重要了。 （表态）

甲：那你是对教练有意见喽？

乙：怎么会呢？ （否定）

甲：上次对沙特队的比赛没让你上场，你能没意见？

乙：让谁上场是教练的权力，我能有什么意见。 （不想说出真实想法）

甲：有什么想法你就直说吧！别拐弯抹角的。

乙：好吧，那我就实话实说，我觉得教练不应该不让我上场，教练应该清楚我的技术比他们好。 （阐述）

甲：不管你怎么想，体能训练你必须参加！否则，对伊朗队的比赛你也别想上场！

乙：只要让我上场，我保证按时参加训练。 （作出保证）

练习三 根据括号中的要求完成对话：

1. A：普通自行车收费一毛，你这是赛车，要加收一毛！

   B：赛车也是两个轮子，占的地方还不如普通自行车多呢，为什么要多收一毛？ （反驳）

2. A：包间有包间的最低消费标准，这个包间的最低消费是700，不包括酒水。

B：这么小的房间要700？也太黑了吧！（抗议）

3．A：给您用的是进口洗发水，所以比普通洗发水贵一倍。

B：进口洗发水？给我看看！（怀疑）

4．A：我们这儿卖出的商品一概不退换。

B：所有的商店都能退换，为什么你这儿特别？（质问）

5．A：没看见红灯吗？为什么还不停车？罚款50！

B：信号灯被树挡住了，哪儿看得见？（申辩）

6．A：为什么上课不注意听讲，在底下做小动作？

B：我在查词典，没做小动作。（否定）

7．A：这家旅馆的服务还行吧？

B：简直太糟糕了，连热水都没有。（指责）

录 音 材 料

听力材料1 可怜天下父母心

天下有多少父母在为孩子的学习而烦恼着……

在如何对待孩子的学习的问题上，夫妻双方之间爆发过多少次争吵……请听录音《可怜天下父母心》……

一天晚上，已经八点了，姚远还没回家，她的母亲看上去很不安……

（钟声响过）

妈妈：都这么晚了，孩子还没回来，你也不着急，还有心思看电视？

爸爸：着什么急？不就是回来晚一点儿吗？小远已经15岁了。

妈妈：你倒真放心，什么都不管，孩子学习成绩怎么样、经常跟什么人在一起，你从来也不过问一下儿。

爸爸：有你管不就行了？不就是监督监督他做做功课吗？

妈妈：做做功课？你以为那么容易？辅导书上的题不做了？做完了不检查了？你还能老让他看电视、看小说？还能老让他在外面玩儿、跟一些成绩差的同学鬼混？明年孩子就要考高中了，万一考不上怎么办？你也该负起责任了，你知不知道，孩子这次考试的成绩已经开始下滑了？

爸爸：不至于吧？不都是八九十分吗？我看小远的成绩还可以嘛！你也不能管得太死，一次没考好你就紧张半天。孩子每天除了学习还是学习，时间长了，就没兴趣了。

妈妈：什么兴趣不兴趣的？我只知道对孩子有时就得强迫，不然怎么能考得上大学？现在的一切都是为了将来他能考上大学，不然什么都完了。

爸爸：我可不这么认为，孩子能考上大学固然好，真的考不上也没什么，只要以后能自食其力就行。

妈妈：扫大街也是自食其力，你让他去吗？

爸爸：你别总歪曲我的意思啊。我是说，也不能为了分数，剥夺了孩子们的一切自由。我当然不愿意我的儿子去扫大街，我也希望他能考上，但咱们总得替孩子想想，我看现在的孩子已经够可怜的了，负担已经够重的了，我们小时候，也没像他们这么累过。

妈妈：我难道不知道他累？你以为就你知道心疼孩子？我这样做还不是为了他好？你不想想，现在是什么时代呀？不努力，就要被社会淘汰。

（由远及近的脚步声）

爸爸：是啊，正因为如此，我们才更应该多鼓励他，给他动力，而不是压力。

（开门声）

一、根据录音内容选择：

1. 爸爸和妈妈因为什么而发生了争吵？
   A. 因为看电视的问题　　B. 因为孩子的学习问题
   C. 因为孩子离家出走了　　D. 因为孩子没找到工作
2. 妈妈的主要观点是什么？
   A. 孩子不该看电视　　B. 孩子应该学会自食其力
   C. 爸爸应该多鼓励孩子　　D. 爸爸应该多负起责任
3. 爸爸的主要观点是什么？
   A. 妈妈不该监督孩子做功课　　B. 妈妈不该管得太死
   C. 孩子缺乏劳动锻炼　　D. 孩子考不上大学更好
4. 爸爸认为对孩子的学习应采取什么态度？
   A. 强迫他学习　　B. 既要奖励又要惩罚
   C. 完全不必过问　　D. 多加鼓励

二、根据录音内容判断正误：

1. 妈妈看到爸爸还在看电视很生气。
2. 爸爸觉得孩子不小了，该有自己的自由。
3. 爸爸觉得有妈妈监督就行了。
4. 爸爸熟悉孩子经常和哪些人在一起。
5. 明年姚远就要考大学了。
6. 爸爸认为管得太死会使孩子失去学习的兴趣。
7. 妈妈认为只有考上大学才有前途。

8. 爸爸认为考不上还可以去扫大街。

9. 妈妈认为孩子只要能自食其力就行。

10. 爸爸认为该多给孩子压力而不是动力。

听力材料 2　争　论

中国要不要发展汽车工业，小王和小张各有各的看法。请听录音《争论》……

小王：这还用说吗？当然要发展！我看，这就像当初大家争论要不要发展彩电啦、冰箱啦一样简单嘛。

小张：我觉得这和发展彩电、冰箱还不是一个性质的问题。彩电、冰箱放在家里，不会对社会造成什么大的影响。汽车就不同了，它会牵扯到方方面面！买了汽车，总不能放在家里吧？首先就要有停车场，这就要占用土地，要知道中国的土地本来就紧张；还有交通问题，你看看现在北京的交通！

小王：这也不单是汽车的问题。土地问题主要是人口问题带来的，交通问题首先是因为路不好，要是早修路，今天车就不会这么堵了。

小张：不管你承不承认，反正现在没地儿停车，有笑话说北京最大的停车场是哪儿？是二环路和三环路！

小王：那是因为我们的停车场少，利用率不高，停车场完全可以建多层的和地下的嘛！再说，北京近几年不也是一直在修路吗？

小张：好，就算这两方面的问题解决了，还有更严重的问题呢！环境！现在北京的空气污染物，百分之七八十是汽车排放出来的废气！要是汽车再多一倍，我看北京人恐怕不能呼吸了。

小王：污染环境的东西多了！冰箱也污染环境，谁也没说把冰箱厂都关了。再说汽车工业本身也在朝环保的方向发展呢！

小张：还有，很多外国专家也不赞成中国大力发展汽车工业呢。

小王：你别听他们的！他们自己家家都有汽车，难道就不许我们有？而且给世界造成工业污染最严重的难道不是那些发达国家？

小张：可人家说的也有道理。中国人口这么多，如果家家都有汽车，那要修多少停车场和道路？今后你让农村拿什么来生产粮食？城市拿什么来修建绿地？

小王：你只看到了问题的一面，你想没想到汽车工业的发展能带动多少行业的发展？电子、钢铁，还有服务业，能解决多少人的就业……

小张：哎哟，时间到了，我得走了，回头再争论吧！

二、根据录音内容选择正确答案：

1. 小王认为这个问题和什么问题是一个性质的？

A. 人口问题　　B. 土地问题

C. 交通问题　　D. 发展彩电、冰箱的问题

2. 小张认为发展汽车工业并不是那么简单的原因是什么？

A. 因为它会牵扯到方方面面　　B. 因为它不需要占用土地

C. 因为它不会对社会造成大的影响　　D. 因为它给交通带来方便

3. 小王认为土地紧张主要是什么原因造成的？

A. 道路不好　　B. 汽车太多

C. 人口太多　　D. 空气污染

4. 小王认为停车难的问题可以用什么办法来解决？

A. 把二环路和三环路改为停车场　　B. 多修路

C. 提高停车场的利用率　　D. 停车场所不限

5. 小张认为造成北京的空气污染的原因是什么？

A. 人体呼出的二氧化碳　　B. 冰箱的生产

C. 修路　　D. 汽车排放的废气

6. 小王认为汽车工业的发展还能带动什么行业的发展？

A. 粮食生产　　B. 电子、钢铁、服务业

C. 城市建设　　D. 环保

听力材料 3　为了公司的利益

张文先生和刘武先生随王总经理去某省 A 市和 B 市进行了为期两周的考察，为将要成立的分公司——一家海产品加工厂选择厂址。这次考察收获不小……

张先生：王总，我认为我们应该把厂建在 A 市。要知道 A 市是国家重点开发的沿海城市之一，二十一世纪它肯定会成为经济增长速度最快的地区之一，我们应该考虑到它的战略地位。

刘先生：我倒认为选择 B 市对我们更加有利。首先，B 市三面环海，气候条件好，年平均气温在十二度左右，地理环境也优越；此外，供水、供电、供气、供暖、通讯等投资环境也适合……

张先生：如果论投资环境，你说的这些“硬”环境 A 市也都具备，况且除此之外，A 市还具备 B 市所不具备的“软”环境，也就是一套完整的投资服务体系。

刘先生：我承认你所说的，A 市要比 B 市发达得多，因此，服务也完善得多，但是你别忘了，服务周到，费用标准也就跟着上来了。比如：土地使用费、

水费、电费等，都比 B 市要高，而这些费用加起来对我们来讲也不是一笔小数目，我们也得考虑到我们的接受能力。

张先生：但 A 市可以享受到国家对开放城市的优惠政策，你刚才所说的费用上的差别跟优惠政策带给我们的实际利益相比，就算不了什么了。

刘先生：可是，还有一个重要的因素你没有考虑，那就是市场。A 市做海产品贸易的企业太多，同行业竞争激烈，而我们由于起步晚，已失去了争夺市场的好机会；而 B 市目前做这一贸易的企业只有十几家，市场还很大，我们完全可以在此大干一场的。

总经理：你们的分析都很有道理，但是，这只是大致的估计，公司需要的是具体的、准确的数字，要一项一项地进行分析、比较、计算，看我们到底在哪里投资更好。今晚你们回去就做一个详细的报表，后天上午在公司的董事会议上提出。

张先生：好。

刘先生：知道了。

第十五课　喜怒哀乐

说　　明

教学目的:通过本课的学习,使学生学会区分各类不同情感的表达方式,掌握情感宣泄与倾诉的表达形式,用来与人交流自己对生活的看法及自己内心的种种感受。

话　　题:父爱、生活压力、乡愁、谈自我、内心感受、瞬间感受

表达形式:多亏、这样一来、为……而……、轮到、总得、总算、猛然

文 化 点:现实生活中的烦恼及压力

功　　能:宣泄(喜悦、愤怒、悲伤、爱、恨、厌恶)

倾诉(愤怒、感伤、爱、不满、无奈、失落、震撼、思念)

(一)宣泄

宣泄是内心情感的发泄,包括喜悦、愤怒、悲伤、爱、恨、厌恶等等,说话的语气比较激烈。这里主要练习的是如何表露自己内心的感情。

1. 喜悦

真开心!

太过瘾了!

2. 愤怒

你给我站住!

住口!

什么?你再说一遍!

3. 悲伤

呜呜呜……我怎么能不伤心?

我什么也不想吃。

我活着还有什么意义?

4. 爱

我很想你!

5. 恨

我再也不想见到他了!

我是不会原谅她的!

我恨不得把他杀了!

6.厌恶

你不觉得自己很无聊吗?

真烦人!

你还有完没完!

这人真讨厌!

(二)倾诉

倾诉是向朋友诉说自己的内心感受或内心的独白,语气比较和缓。这里主要练习的是如何诉说自己内心的复杂感觉、感受。

1.愤怒

一想到常常挨父亲的打,心里就充满了愤怒。

2.感伤

临别时,看到了你眼中一闪的泪光,令我十分难过。

3. 爱

和你在一起,感觉总是那么愉快!

4. 不满

即使是那时候,他也沉默得像块石头。

5.无奈

谁让咱属兔,又当爸爸呢?

谁让咱是兔子呢?

有什么办法呢?

我又不能代替他!

你说我又能怎么办?

倾诉还常常借助于语段表达:

6.失落

我穿行在大街上的热闹的人流中,却仿佛独自一个人走在沙漠之中,听不到一丝声响,这是一种很奇怪的感觉,仿佛什么地方错了位。我看到人们在我身边飘来飘去,看到他们在低声诉说,却总是觉得不真实。也许,是语言不通,也许,是时差使我精神恍惚吧。

7.震撼

突然间,城市的巨大声响从四面八方向我砸来,我睁大双眼,看到了无数张陌生的面孔在我面前闪过,看到了各式各样的服装,各式各样的广告,看到了这异国城市的天空、建筑与景色,这异国特有的一切……这一时刻,我才猛然意识到,我的生活已发生了巨大的变化,我离你们已很远很远了……

8.思念

然而，不知从什么时候，也不知从哪一天起，一缕乡思慢慢地涌上心头。走在繁华的大街上，穿行在热闹的人流中，会突然感到忧郁，会突然想要落泪，会突然想起家乡门前的那条小路，想起傍晚回家时小楼上的灯光，想起我们一起逛街时小贩们的喊声，想起街上冒着热气的各种小吃……一种孤独之感会慢慢地开始从心底升起，直到将整个人都淹没……

练 习 答 案

听力练习答案

听力1　练习二 1. D　2. B　3. A　4. B　5. C　6. D　7. A　8. D

　　　　练习三 1. √　2. √　3. ×　4. √　5. ×　6. √　7. ×　8. ×　9. √

听力2　练习二 1. C　2. B　3. C　4. A

　　　　练习三 1. ×　2. √　3. √　4. ×　5. √　6. √　7. ×　8. √　9. √

表达练习参考答案

练习二 下列句子能否换一种说法(使用指定词语)?

1. 多亏你的帮助，不然我们不会成功。　（多亏）
2. 那个时候，他猛然向旁边一跳，躲过了一场车祸。　（猛然）
3. 虽然已经不在一起工作了，他还是时常去看她。　（时常）
4. 应付考试容易，真正掌握知识不容易。　（应付）
5. 你年纪已经不小了，总得找个工作自食其力吧。　（总得）
6. 他累病了，这样一来，现在这件事没人管了。　（这样一来）
7. 他从小就为长大当一名音乐家而努力。　（为……而……）
8. 感谢您在百忙之中抽出时间来为我们指导！　（百忙之中）
9. 今天轮到小张打扫卫生了。　（轮到）
10. 加班一周了，今天总算是完成了任务。　（总算）

录 音 材 料

听力材料1　父亲的爱

不知道在座的诸位挨没挨过父亲的打？没有吗？那么，你们真幸运！我小时候，可是常常挨爸爸的揍！请听录音《父亲的爱》……

平常我回家比较晚，十一月一号，放学以后，我难得那天回去得那么早。回到家的时候，妈妈红着眼睛对我说："这次就业考试你又没通过。"

我从9月起就开始找工作。可是，在经济这么不景气的情况下，找工作很难。听了妈妈的话，我心想："又没被录用，妈妈，真对不起啊！"我长长地叹了一口气，从妈妈手里接过信封打开了。

信封里是一张录取通知书。"通知书？我被录用了吧？"我忍不住叫了起来。"祝贺你！"妈妈笑了。原来，妈妈的泪水不是因为我没考上而流的，而是因为我考上了。"谢谢您，多亏了您我才考上了！"我说。这样一来，妈妈的泪水又涌了出来。她对我说："爸爸一回来，你就告诉他这件事！"我想了一下，爸爸回来的时候该怎么告诉他呢？……"爸爸，托您的福了！"不，不，不能这样说。那么，"爸爸，以后我可以不依靠您生活了。"不，不……唉，该怎么说，怎么说才好呢？

我的爸爸是个很顽固的不爱说话的老头儿。有时候我跟他一起去喝酒，但即使是那时候，他也沉默得像块石头。我小时候常常挨父亲的打。要是我和小朋友打架打输了，爸爸会对我说："输了就不要回来，赢了才有资格回来。"他一边说着，一边打我。可第二天当我打架打赢了时，他又会对我说："你怎么能为一些鸡毛蒜皮的事而跟别人打架呢？"他还是一边说着，一边打我。我上初中的时候开始抽烟了，爸爸知道后什么也没说，只是狠狠地揍了我一顿。以前我一想到这些，一想到常常挨父亲的打，心里就充满了愤怒。可是现在想到这些，心里却充满了感激。

那天，父亲跟往常一样回到家，跟往常一样什么也没说就去洗澡。他洗完澡出来的时候，我还没想好该怎么跟他说。在妈妈的一再催促下，我一声不吭地把通知书递到了他的手里。爸爸默默地接过去看了一会儿，他的眼里开始涌出了泪花。我们相互沉默了一阵之后，他一边擦着泪，一边伸出拳头捶着我的脑袋。这是我在很长时间没有挨过打之后，在父亲不知道该怎样表达心中的喜悦时，我再次挨了他的打，不是因为淘气！这时候，我觉得落在我头上的拳头上饱含着父亲的爱。我永远也忘不了这饱含着爱的拳头。

作者：中越隆雄（日本）

二、根据录音内容选择正确答案：

1. 十一月一号，他回家的时间

A. 比较晚　　　　B. 比平常晚

C. 跟往常一样　　　　D. 比平时早

2. 他回家的时候发现了什么？

A. 妈妈病了　　B. 妈妈刚刚哭过

C. 妈妈正在叹气　　D. 妈妈正在喝酒

3. 妈妈为什么告诉他他又没被录用？

A. 为了给他一个惊喜　　B. 为了给他一次打击

C. 为了让他做好挨揍的准备　　D. 为了让他想好该怎么对父亲说

4. 他的爸爸是个什么样的人？

A. 爱打架的人　　B. 沉默的人

C. 爱说话的人　　D. 爱喝酒的人

5. 他小时候挨爸爸揍的原因之一是什么？

A. 考试没通过　　B. 喝酒了

C. 打架打输了　　D. 沉默得像块石头

6. 小时候，一想到常常挨父亲的打，他心里就充满了什么？

A. 感激　　B. 喜悦

C. 矛盾　　D. 愤怒

7. 爸爸看到他的录用通知书后，有什么反应？

A. 爸爸的眼里涌出了泪花　　B. 爸爸什么也没说就去洗澡

C. 爸爸长长地叹了一口气　　D. 爸爸狠狠地揍了他一顿

8. 从这篇叙述中你可以知道父亲对儿子怎么样？

A. 很不好　　B. 很没有感情

C. 充满了仇恨　　D. 充满了爱

三、根据录音内容判断正误：

1. 目前找工作难的原因主要是经济不景气。
2. 通知书是邮寄过来的。
3. 看到通知后，他忍不住失望地叫了出来。
4. 爸爸认为打架打输了就没有资格回来。
5. 他刚一想好该怎么说爸爸就回来了。
6. 爸爸知道他开始抽烟了之后狠狠地揍了他一顿。
7. 在他的一再催促下，妈妈把通知书递给了爸爸。
8. 爸爸捶打他的脑袋是因为他又淘气了。
9. 他觉得爸爸的拳头上饱含着对自己的爱。

听力材料 2　兔子快跑！

我属兔，兔子是跑得很快的动物。我老婆总说：兔子快跑！

每天早上，兔子都要快跑！送孩子上学后，撒腿就向公共汽车站跑；下了公共汽车，又向单位跑。许多人说我懒，为什么不早点儿出门？一听这些人就没有孩子。孩子每天做作业做到那么晚，做父母的能忍心让孩子不多睡十几分钟或者几分钟？还是我这个兔子快跑吧！谁让咱属兔，又当爸爸呢？

到了单位，腿不用快跑了，但是轮到眼睛快跑了！兔子是当编辑的，每年有几百万字的定额，多劳多得。兔子倒不想多劳，可是现在生活水平提高了，不多得可不行。大人怎么都可以，可总不能委屈了孩子吧？现在讲智力投资，孩子每个月要学钢琴学电脑学绘画学舞蹈……！兔子，在稿纸上快跑吧！

下了班，先不回家。孩子晚上由她妈妈负责，中国的家庭大多是这样分工的吧。不过兔子也不能休息，兔子还得去大学上夜班课。现在是学历社会，没看连清扫公司招聘，都要硕士学历了，像咱这样大专毕业的，别说当编辑，以后连扫大街也没人要了！兔子总得弄个硕士学历吧！兔子快跑！

兔子晚上 10 点总算跑回了家，喝杯浓茶，还得快跑！兔子还要写论文。兔子人到中年，不能总是中级职称吧？职称上不去，房子、收入、职位等等，还有想不到的等等，都上不去，能休息吗？兔子当然不能！

谁让咱是兔子呢？下辈子一定不属兔！

兔子快跑！

二、根据录音内容选择正确答案：

1. 他为什么不早点儿出门？

A. 他早晨想多睡会儿　　B. 他喜欢跑步

C. 他想让孩子多睡会儿　　D. 他上班迟到没关系

2. “轮到眼睛快跑了”在文章中的意思是什么？

A. 眼睛看不见东西了　　B. 轮到用眼睛工作了

C. 注意力不集中了　　D. 眼睛东张西望

3. 兔子“多劳”的目的是为了什么？

A. 尽快完成任务　　B. 好花钱享受

C. 负担孩子的教育费　　D. 投资开公司

4. 兔子为什么要去上夜班？

A. 他想拿个硕士学历　　B. 他想逃避家务劳动

C. 他想去清扫公司应聘　　D. 他不愿辅导孩子的学习

三、根据录音内容判断正误：

1. 每天早晨他都跑着送孩子去上学。

2. 他认为说他懒的人不理解他是因为他们没有孩子。

3.如果他不跑的话孩子就要少睡几分钟或十几分钟。
4.兔子每年挣几百万。
5.兔子不想“多劳”却不得不“多劳”。
6.中国的家庭大多是夫妻共同承担家庭责任。
7.兔子现在是大学学历。
8.兔子忙了一天,晚上还要写论文。
9.职称关系到一个人的实际利益。

听力材料3　来自异国他乡的一封信

你收到家人和朋友的来信了吗?你数没数过有多少封了?你有没有试着用汉语给什么人写过信?还没有吗?应该有了!学完这一课之后,请你用汉语给你的中国朋友写封信!

请听录音《来自异国他乡的一封信》……

毛毛:

你好!

临别时,看到了你眼中一闪的泪光,令我十分难过。这种情绪一直困扰着我,直到我下了飞机,进入另一种生活中。

这另一种生活起初无声无息,我穿行在大街上的热闹的人流中,却仿佛独自一个人走在沙漠之中,听不到一丝声响,这是一种很奇怪的感觉,仿佛什么地方错了位。我看到人们在我身边飘来飘去,看到他们在低声诉说,却总是觉得不真实。也许,是语言不通,也许,是时差使我精神恍惚吧。

然而,突然间,城市的巨大声响从四面八方向我砸来,我睁大双眼,看到了无数张陌生的面孔在我面前闪过,看到了各式各样的服装,各式各样的广告,看到了这异国城市的天空、建筑与景色,这异国特有的一切……这一时刻,我才猛然意识到,我的生活已发生了巨大的变化,我离你们已很远很远了……

初来的时光总是过得很快,报到、办手续、收拾房间……忙于应付各种各样的事情,急于适应新的环境,感觉总是很新鲜,很浪漫。

然而,不知从什么时候,也不知从哪一天起,一缕乡思慢慢地涌上心头。走在繁华的大街上,穿行在热闹的人流中,会突然感到忧郁,会突然想要落泪,会突然想起家乡门前的那条小路,想起傍晚回家时小楼上的灯光,想起我们一起逛街时小贩们的喊声,想起街上冒着热气的各种小吃……一种孤独之感会慢慢地开始从心底升起,直到将整个人都淹没……这种滋味真不好受。

我常常想,不知你们此时此刻又在忙些什么?周末朋友们还常常聚集在一起吗?你们在一起高声说笑的时候,不知想没想到过我?我可是时常想念你们!希望你们能在百忙之中抽出时间来给我回封信,我现在特别盼望能有我的信！

好了，不想向你诉苦了，不想向你诉说内心的各种感受，我想，总有一天你会亲自体会到的。让我们说点儿快乐的事情，圣诞节马上就要到了，我们有两个星期的假，我打算……

……

十一点了，明天还有课，就写到这儿吧。

祝你一切顺利！圣诞快乐！新年快乐！问大家好！

你的好友：珊珊

12月14日夜

第十六课　单元练习

说　　明

教学目的：通过本课的学习，对前三课所学的内容进行一次总的复习和检测，并引入中学生早恋、环境污染等新的话题，对前三课所学的功能进行补充性或扩展性练习。
话　　题：中学生早恋现象、环境污染、父母的偏爱、征婚、麻将、拳击运动、独生子女政策
表达形式：无所谓、何况、不只、日益
功　　能：劝解与阻止、议论与争执、宣泄与倾诉

练　习　答　案

听力练习答案

听力2　练习二　1. ×　2. ×　3. ×　4. √　5. ×　6. ×　7. √　8. √　9. √　10. √

听力3　小测验　1. D　2. B　3. B　4. B　5. D　6. C　7. D　8. C　9. B　10. D　11. C　12. A　13. A　14. C　15. A　16. D　17. D　18. C　19. D　20. C

表达练习参考答案

练习二 完成下列句子(使用指定词语)：

1. A：今天可真是太麻烦你了，不好意思啊！
   B：什么麻烦不麻烦的，咱俩还客气什么呀？　（什么 A 不 A 的）
2. A：你没经过他的同意就决定了？
   B：没关系，被他骂几句也没什么大不了的。　（大不了）
3. A：那个地方有什么好风景？
   B：什么风景也没有，除了人还是人。　（除了……还是……）
4. A：你为什么不催催他？
   B：我一个劲儿让他快一点儿，他根本不听。　（一个劲儿）
5. A：你刚才为什么不和他打招呼？
   B：光顾了和你说话了，没看见他。　（光顾了……）
6. A：好久不见，我说你整天都忙些什么呢？
   B：我能忙什么？还不是为吃饱肚子而忙。　（为……而……）

7. A：今天差点儿耽误了大事。

B：是呀，多亏老李提醒你！（多亏）

8. A：你先放桌儿上吧，我现在心里着急，什么也吃不下。

B：你现在急也没用，人总得吃饭呀，还是先吃了再说吧。（总得）

9. A：我觉得国安队就是缺乏经验，要不怎么输得那么惨！

B：也不单是经验不足，他们的实力也确实不如对方。（不单是）

10. A：只有他一个人反对吗？

B：不只他一个人，小王也不同意。（不只）

11. A：本来以为能赢呢，结果却输了。

B：这样一来，夺冠军就难了。（这样一来）

12. A：不是说好了一起去的吗？怎么又变了？

B：他猛然想起下午有课。（猛然）

练习三 根据说话人的意向完成会话：

1. A：你为什么没有出席昨天的晚会？

B：我昨天感冒了。（解释）

A：胡说！小王说你昨天晚上去他家喝酒了。（反驳）

2. A：这楼道里堆放的这些东西是你家的吗？

B：是啊，怎么了？

A：你看，这些东西堆放在这儿，大家上下楼都感到很不方便，你是不是能换个地方放？（建议）

B：屋里实在是没地方放了，要不我也不会放这儿呀。（申辩）

3. A：人都说后妈难当，我真是深有体会！

B：别着急，慢慢来，你和孩子都要有一个适应的过程嘛。（劝解）

A：要是再结婚，一定找一个没孩子的。（阐述）

4. A：你醒过来了？

B：我这是在哪儿？

A：在医院，刚才你昏倒在路上了，我就把你送到这里来了。

B：谢谢您，要不是您，还不知道会怎么样呢！（感激）

A：多危险呀！以后再上街，一定要家人陪着才行。（忠告）

5. A：你喝多了。

B：我没喝多，这点儿酒算什么！

A：算了，别喝了，你话都说不清楚了。（阻止）

6. A：你记不记得当年，就是在这里我们两人第一次相遇？

B：那都是多少年前的事了。

A：是呀，一转眼我们都退休了。（感伤）

7. A：把钱拿出来！

B：你要钱干什么？

A：你别管，我让你拿你就拿！

B：你是不是又在外面赌了？（质问）

录 音 材 料

听力材料1 心 事

为什么你最近总是注意力不集中？为什么你最近总是打不起精神？你有什么心事吗？能不能告诉我？请听录音《心事》……

老师：陈刚，我注意你好几天了，发现你最近上课总是精力不集中，你有什么心事吗？能不能跟老师谈谈？

陈刚：没什么。

老师：如果你不想说的话，也不勉强，老师只是想提醒提醒你，无论发生了什么事，都不要放松了学习，对你来讲，目前最重要的就是学习。

陈刚：（小声地）还有更重要的。

老师：你说什么？

陈刚：没什么，我是在对自己说。

老师：你知不知道老师们对你的期望？

陈刚：我知道，我周围的每个人都这样对我说。

老师：那你自己是怎么想的呢？

陈刚：老师，我知道你们对我的期望。但我觉得，学习固然重要，但它并不是全部，也不应该是全部。我不知道您明没明白我的意思？

老师：我想，你的意思是说，还有一些更重要的东西？

陈刚：对，比如说生命，我为什么来到这个世界上，我究竟为什么而活着？还有，爱情。

老师：陈刚，你是不是谈恋爱了？

陈刚：不应该吗，老师？

老师：当然不能说不应该。

陈刚：这么说来，是应该了？

老师：这种事无所谓应该不应该，得听其自然。

陈刚：老师不想阻止吗？

老师：怎么阻止？

陈刚：办法很多，比如说，禁止打电话、晚饭以后禁止出门、扣押信件甚至跟踪，这不是目前一些家长所采取的措施吗？

老师：这样做有效吗？比如说对你？

陈刚：（笑）正好相反，老师，您知道压迫越深，反抗越烈的道理。

老师：所以，我不会这样做的，即使我不赞成也不会，何况我并不反对年轻人谈恋爱。

陈刚：可有些人就不这样认为！在他们看来，一个十六岁的少年的脑子里就只能有书本，他不应该有别的追求，他的心就应该是一片荒漠，没有生命、没有思想、没有情感，我真不知道他们是怎么想的！

老师：不管他们是怎么想的，你得承认他们的出发点只有一个，是为你们好，是怕耽误了你们的学习。

陈刚：可他们不知道，他们正在扼杀这个少年的生命！那是他生命中最重要最纯洁的部分。

老师：陈刚，我能理解你现在的感受，我也能理解你父母的感受，我想，你们双方之间需要沟通，如果双方都能考虑得周全一些的话，许多悲剧就不会发生了。所以，我想跟你的父母谈一谈。

陈刚：如果您能说服他们的话！

老师：不只是他们，也有你！

听力材料 2 屡禁不止

“走千走万，不如淮河两岸。”过去居住在淮河两岸的人向别人介绍自己的故乡时，总忘不了骄傲地说上这两句。然而近年来，由于盲目发展有严重污染的小造纸厂、小化工厂等企业，淮河流域的水污染日益严重，甚至有人说，淮河流域已找不出一条干净的河流。记者随水资源保护局的朱局长走访了一些企业和地区……

记　者：您是这个厂的厂长吧？

厂　长：我就是。

朱局长：您接没接到上级关于关闭污染企业的通知？

厂　长：接到了。

朱局长：那为什么还不停产？

厂　长：停产工人吃什么呀？

朱局长：你知不知道这淮河流域有多少人口？

厂　长：不太清楚。

朱局长：不清楚？1.5 亿呀，同志！你把这水污染了，1.5 亿人喝什么？马上停产！

厂　长：是。

记　者：朱局长，在淮河流域像这种造成严重污染的企业有多少家？

朱局长：一千多家。

记　者：目前的情况怎么样？

朱局长：从报上来的数字看，关闭污染企业的工作进行得好像还比较顺利，可事实上，一些企业跟我们展开了“游击战”，人来了停产，人一走就开工，或白天停晚上开。除此之外，还有地方保护主义在支持他们。

记　者：地方保护主义？您指的是……

朱局长：我带你去一个地方你就会明白了。

朱局长：（敲门）

县　长：请进！

朱局长：王县长在吗？

县　长：我就是。你们是……

记　者：我是记者，想了解一下儿你们这儿的水污染情况。目前你们县有多少人得了癌症？

县　长：有四五百人吧。

记　者：你是不是认为跟水污染有关？

县　长：有关吧。

朱局长：这次造成水污染事故的企业宏发化工厂是你们县的吧？

县　长：是。

朱局长：上级颁发的有关淮河流域水污染的《防治条例》传达过没有？

县　长：传达过了，这次水污染事故发生之后，我们已经对宏发化工厂进行了罚款处理。

朱局长：那为什么还不关闭该企业？

县　长：这个……我们县本来就是个贫困县，化工厂是我们的重要的经济来源，一旦关闭，不是更贫困了……

朱局长：你清不清楚国家对清除淮河污染工作的总的目标？

县　长：您指的是到2000年清除污染的总目标？

朱局长：你既然知道，那我问你，如果都像你这样，只考虑一个县的利益，那国家制定的计划还怎么完成？

县　长：这个……

朱局长：别这个那个的了，我要求你立即关闭该企业！

二、根据录音内容判断正误：

1. “走千走万，不如淮河两岸”是说淮河的水污染严重。

2. 淮河流域已找不出一条不干净的河流。

3. 厂长没有接到关于关闭污染企业的通知。

4. 如果停产工人的收入会受影响。
5. 淮河流域有四五百家企业因污染问题需要关闭。
6. 关闭污染企业的工作进行得很顺利。
7. 一些企业不执行国家的命令。
8. 地方保护主义是想保护地方的经济利益。
9. 这个县癌症的发病率高跟水污染有关。
10. 国家计划于2000年清除淮河污染。

听力材料3　小测验

先听录音，然后根据提问，在A、B、C、D四个答案中选择一个最恰当的答案，用圆圈圈起来。

1. 最近几天，接连遇到了不愉快的事，先是和男朋友吵架分手了，后是把照相机不知丢到什么地方去了，接着，昨天洗碗时把碗打碎了，今天，又把门钥匙锁在房间里了，真倒霉！

   问：说话人遇到的第二件不愉快的事是什么？

2. 我知道你星期一晚上肯定有事，星期二晚上有人请你喝酒你不好拒绝，星期三同事约你去看球你不能不去，星期四人家请你去打扑克三缺一少了你又不成，星期五不知道又会从哪儿冒出个什么人来打电话把你叫去整夜不归，星期六你也许困了也许累了也许头疼也许哪儿不舒服需要好好休息，那么，星期天总可以了吧？星期天你又有什么理由不能呆在家里陪你儿子玩儿一会儿呢？

   问：说话人是在：

3. 你想带孩子去麦当劳啊，现在麦当劳可多了！有最早的王府井的那家，还有西单、动物园、长安商场、亚运村都有，最近新街口、万通广场、四道口又新开了三家，你都可以去。

   问：他一共提到了几家麦当劳店？

4. 你可得小心点儿，这两天咱们老板情绪好像有点儿不大对劲，动不动就发火，不知道是不是遇到了什么麻烦，你可别去惹他！

   问：老板这几天怎么了？

5. 警察：你偷过东西吗？

   小偷：也许。

   警察：在哪里偷过？

   小偷：说不定。

   警察：你偷的东西价值多少？

小偷：难说。

警察：好吧，我先把你关起来再说。

小偷：你们什么时候能放我出去？

警察：早晚。

问：警察说什么时候放他出去？

6. A：不就是挨老爸一顿揍吗？至于这么伤心吗？

B：怎么不至于？又不是你！

问：第二个人的意思是什么？

7. 男：你看你，怎么还像个孩子似的，看个电视还哭得鼻涕眼泪的！

女：你不知道有多感人！

男：你们女人哪，就是爱多愁善感，电视剧里的东西，又不是真的！

女：艺术来源于生活，你明不明白这个道理？哼，自己不懂，还笑话人家！

问：男人认为电视剧怎么样？

8. A：乐乐，今天考得怎么样？

B：没问题，您放心吧，爸爸。

A：100 分？

B：85 分以上吧。

A：有不会做的题吗？

B：只有一道，乘法，3 乘 7，我不知道等于多少。

A：那你写的是多少？

B：我呀，不管它三七二十一，我就填了个 18。

问：3 乘 7，乐乐写等于几？

9. A：志刚，我们的事你跟你父母提了没有？

B：还没有，我想时机还不太成熟，等过一段时间再说吧。

A：你想等到什么时候啊？我们交往也有半年多了，再说，我们的关系……

B：阿红，别烦我，你知道我现在很忙，哪儿有时间静下心来想我们的事。

A：好呀，原来我们的事你根本还没想好，那你为什么不早说？

B：早说又怎么了？

A：早知如此，我也不会把自己交给一个这么不负责任的男人。

问：从对话中可以知道什么？

10. A：你们课下都有些什么活动呢？

B：下午一般都有各种各样的讲座或录像。

A：除此之外，还有别的吗？

B：当然有了，有武术、太极拳辅导班、有汉语俱乐部、有乒乓球、足球、排球、棒球比赛，活动真是不少！

A：有意思吗？

B：那还用说！

问：他们在谈论什么？

11. A：我说小张，你整天这么活着累不累？

B：怎么了？

A：你看你，坐在那儿整天除了看书还是看书，你就不能出去走走、活动活动、歇一歇、喘口气儿什么的？

问：这个人认为小张：

12. A：隔壁究竟在干什么呢？叮叮当当地敲个不停。

B：我也不知道，你不妨过去看看。

问：第二个人的意思是什么？

13. A：红灯你没看见吗？为什么不停车？

B：我已经过了停车线红灯才亮的。

A：胡说，我明明看见你闯红灯的，把自行车推过来！罚款5块，把你的单位、姓名留下！

B：这……实在对不起，我眼睛不好。

问：那个人为什么被罚款？

14～16

从小我在家庭中的地位就很特殊，虽说上有哥哥，下有妹妹，可也不知什么原因，大人们却都十分偏爱我，有什么好吃的、好玩儿的总是先想到我。当我和兄妹发生争吵时，挨骂的一定不是我。在这样的环境中长大的我，变得十分任性，直到高中毕业，离开家进了北京上了大学，住进了集体宿舍之后，我才发现自己身上好像出了点儿问题。

事情是这样，我们宿舍共有5个人，她们4个似乎总跟我过不去。我要睡觉了她们要聊天儿，我要聊天儿了她们要看书，她们出去吃饭、打球、跳舞也从不叫上我。渐渐地，我越来越感到孤独。因为害怕孤独，我开始观察别的人是怎样生活、怎样待人的。这样，我从中明白了许多道理，知道了一个人活着不能只为自己着想，自私的人是交不到真正的朋友的。

大学四年，我一步一步地纠正自身存在的缺点，我为此付出了巨大的努力。现在，我的朋友遍天下，每天都生活得很开心。对别人来讲，这没什么，可对我来说，这一切来之不易。我发誓，今后，如果我有了自己的孩子，我一定不让他成为家里的特殊人物。

14. 问：她是在什么样的环境中长大的？

15. 问：她的同屋们为什么不喜欢她？

16. 问：大学 4 年她有了什么变化？

17 ~ 20

我在报纸上粗略地发了几个字：“寻有事业心、责任感的她为妻。”想不到，随之而来的电话、信件弄得我不得安宁。在众多的应征者中，我选择了她。她虽不是特别漂亮，但很清秀，顺眼。说起来第一次约会很富有戏剧性。她打了电话过来：“喂，您好！您是在报上刊登征婚启事的梁先生吧？”“是，本人就是梁某。”随后我们寒暄了几句，“在哪儿见面？”“麦当劳吧！”“怎么相认？”“那就每人带着那张报纸吧。”由于是初次见面，我们谈的时间不长。第二次见面还怕认不出对方，又是两人各带杂志。这次谈得相当投机，真有相见恨晚的感觉。

她对生活的态度很现实，她对我讲述了她近几年交友的情况以及未成的原因，还有她为人处世的哲学。我发现，我们俩竟有那么多的共同点！多年来，我身边的同事们、朋友们也为我介绍过不少人，可是那些女性最多都只能做朋友，不能走到一起。我时常感叹茫茫人海，知音难寻。没想到如今却遇见了她！可见我们真的是有缘。

从相识到相恋，真是快如闪电。这其中的一个原因是，我们都对自己心目中要找的“他(她)”思考了很久、等待了很久了，也可以说，爱了很久了，一旦发现他(她)在你的生活中出现了，立即毫不犹豫地投入了我们的全部热情，生怕转眼就失去。回想起来，这是我第一次在报纸上征婚，本来是想跟自己开个玩笑，没想到，竟然成功了！

从婚后到现在，我们俩一直恩恩爱爱。现在，太太已有喜了，她常开玩笑说：“谁知道看报纸还能找到你！”我说，幸福就在你猛一回首之际到来。

17. 问：梁先生在报上登的选择对象的标准是什么？

18. 问：两人初次见面怎样相认？

19. 问：两人第二次见面之后的感觉怎么样？

20. 问：梁先生认为他们两人的缘分在于哪儿？

第十七课　讨价还价

说　明

教学目的：通过本课的学习，要求学生能够进一步地学习如何在贸易谈判中与对手讨价还价，并熟悉有关经贸方面的一些话题，了解一些从事市场调查、商品调查的方法和情况，同时，加强对数字的掌握，提高学生在生活、工作中对数字的实际应用能力。

话　　题：购物、经贸洽谈、商品调查

表达形式：您知道的、这一点、这倒是，不过……、向……交代

文 化 点：谈判技巧

功　　能：洽谈（询问、协商、争执、承诺、议定）
调查（解释、提问、归纳）

（一）洽谈

洽谈包括询问（询价）、协商（议价）、争执（讨价还价）、承诺、议定（成交与否），这里主要练习的是协商与争执。

1. 协商

我想你们能不能价格上便宜一点儿？

其他许多公司的报价都没有这么高，优惠一些怎么样？

这几种我都要，每码3.8美元怎么样？

这是件样品，都不太好了，您给我便宜一点儿吧！

2. 争执

你是知道的，价格没有长期不变的。

这个价格一点儿也不贵。

中国有句俗话叫："一分钱一分货。"

我们公司从来没有优惠的。除非购买量超过100吨，我们才会考虑。

要是不调整一下价钱，我是不想花冤枉钱的。

这个价是非常公道的。

不行？我只好另找客户了！

几方面都不太理想，我想你们应该便宜点儿才对！

这个价太高了，太高了。

这个价与欧洲市场比应该是相当便宜的，那里最高可卖到每码30美元。

4美元怎么样？那4.2—4.3—4.6美元！

3. 承诺

我们的板栗个个都是最好的。

在同样质量的板栗中，我们的报价是最低的。

4. 议定

我们购买100吨。

好吧，可以给2%的优惠。

我们按这个价格签合同吧！

就按你们的价，我要5000码。

（二）调查

调查包括解释活动的意图、各个角度的提问及归纳统计结果三部分。本课列出了一些表格，主要是要让学生练习向不同的对象解释、提问。

练 习 答 案

听力练习答案

听力1　练习二 1. B　2. D　3. C　4. C

表达练习参考答案

练习二 选词填空：

1. 成交　2. 价钱　3. 搭配　4. 左撇子　5. 警告

6. 特别　7. 签　8. 俗话　9. 人工　10. 除非

练习三 下列各句能否换一种说法（使用指定词语）？

1. 这是我们今年的新产品，功能更全，质量更好，请您过目。（过目）
2. 三力牌电脑的价格今年上涨了。（上涨）
3. 这种价格是经过严格计算的，不会赚你的钱，我也不会太吃亏，对咱们双方来说都很公道。（公道）
4. 产品越符合人们的要求就越畅销。（畅销）
5. 你可别夸他，一夸他，他连自己是谁都不知道了。（夸）
6. 这款冰箱的外形挺漂亮的！（外形）

7. 我这个人很爽快，说话开门见山。（开门见山）

8. 这是件样品，都不太好了，您给我优惠一点儿吧！（优惠）

录音材料

听力材料 1 成交

松岛先生来到中国，和中国实力贸易进出口公司代表诸葛强先生洽谈一笔板栗生意……

诸葛强：松岛先生！你好！

松　岛：你好，诸葛先生！

诸葛强：那么咱们开门见山，就谈谈这笔板栗生意吧。这是我们的报价单，请您过目。

松　岛：这个价格比我们去年向你们购买的贵了10%。

诸葛强：你是知道的，价格没有长期不变的。今年跟去年真是没法比呀！去年我国国内板栗产量创历史最高纪录，而今年由于北方气候异常，造成了大面积减产，价格普遍上涨。所以，这个价格一点儿也不贵。

松　岛：确实得考虑这个因素。但我从贵国官方的统计资料中了解到，贵国今年的种植面积比去年增加了5%，有个别地区产量还有所增加。因此贵方报价提高10%，幅度是大了点儿。

诸葛强：不知道松岛先生注意到没有，这个统计资料是全国范围的，各个地区差别很大，而平均数字是很难看出各地的详细情况的。也就是说，产量虽然减少得不多，但整体的质量受到很大影响，特等品产量减少了近五分之一。

松　岛：我这里有一些资料，其他许多公司的报价都没有这么高，优惠一些怎么样？

诸葛强：中国有句俗话叫："一分钱一分货"。我方的报价虽然比其他公司高一点儿，但我们的板栗都是经过人工挑选的，层层把关，个个都是最好的。在同样质量的板栗中，我们的报价是最低的，这一点，在我们双方多年的合作中，相信松岛先生是最清楚的。

松　岛：正是因为这一点，我在接到其他公司的报价单之后，还是不忘老朋友。

诸葛强：您知道的，我们公司从来没有优惠的。除非购买量超过100吨，我们才会考虑。

松　岛：我们购买100吨。

诸葛强：好吧，可以给2%的优惠。

松　岛：我们按这个价格签合同吧！

诸葛强：好！

二、根据录音内容，选择正确答案：

1. 今年板栗的产量怎么样？
   A. 创历史最高记录　　B. 大面积减产
   C. 比去年有所增加　　D. 跟去年差不多
2. 今年板栗的质量怎么样？
   A. 质量有提高　　B. 跟去年比没有变化
   C. 没有统计，看不出来　　D. 受到很大影响
3. "一分钱一分货"是什么意思？
   A. 价钱贵的东西质量并不好　　B. 价钱便宜的东西质量并不一定不好
   C. 什么质量什么价钱　　D. 价钱的高低不能说明质量的好坏
4. 诸葛先生说："这一点，相信松岛先生是最清楚的。""这一点"指的是什么？
   A. 我们公司最能讨价还价　　B. 我们公司的价格就是高
   C. 我们公司的报价是合理的　　D. 我们公司从不忘老朋友

听力材料 2　谈判二则

（一）

顾　客：这种款式的冰箱有几种颜色？
售货员：6 种。
顾　客：都是哪 6 种？
售货员：草绿、淡绿、灰、蓝、白、白地儿上面带花的。
顾　客：就是摆在这儿的这几种吗？
售货员：对。
顾　客：还有没有其他的颜色？
售货员：对不起，没有了，请问你想要什么颜色的呢？
顾　客：我希望这个灰再浅一点儿，就能和我的厨房的颜色搭配了，这几种颜色都不太搭配。
售货员：一般来说，白色的和什么颜色都能配。
顾　客：但还是不太理想……你这批货是新来的吗？
售货员：都是刚到的货，新款，卖得特好。
顾　客：这种新款式有些什么特点呢？
售货员：它有二十四小时制冰的功能，每小时只耗两分钱的电费！
顾　客：这个对我们来说没有多大意义，我儿子有胃病，医生警告说是绝对不能让他吃冰！
售货员：还有，您看，它的门设计得很巧妙，门上没有把手，外形看上去更美观。

顾　客：这倒是，不过，门都是从左向右开的，可是我们家人大都是左撇子，很不方便，有没有双向开门的？

售货员：……没有。

顾　客：那……几方面都不太理想，我想你们应该便宜点儿才对！

（二）

珍　妮：我打算看看你们真丝方巾的样品。

刘　成：请跟我来。

刘　成：这是西亚地区流行的小花朵图案；这些花鸟鱼虫图案是日本人最喜欢的；西欧市场畅销这种现代花卉图案……

珍　妮：刘先生，这几种我都要，每码3.8美元怎么样？

刘　成：每码5.36美元。

珍　妮：刘先生，您出的是香港市场价！

刘　成：对，不过这个价香港目前没有货。

珍　妮：这个价太高了，太高了！我如果按这个价进货，我回去没法向老板交代。

刘　成：不，珍妮小姐，这个价钱是非常公道的。我进的丝绸价格是5美元，加上加工费每码0.36美元，与您是第一次做生意，需要建立友谊，我决定不赚您的钱。这个价与欧洲市场比应该是相当便宜的，那里最高可卖到每码30美元。我想，做成了这笔生意，您的老板一定会夸您的。

珍　妮：4美元怎么样？

刘　成：不行啊，珍妮小姐！

珍　妮：那4.2—4.3—4.6美元！如果不行，我只好另找客户了！

刘　成：您回去考虑考虑，成交不成交没关系。

（三天之后，珍妮发来了传真，希望继续洽谈……）

珍　妮：我这次来是想来看看其他一些图案。

刘　成：我们还是先谈这种吧。这个成交了，合作得满意，再谈别的。

珍　妮：好吧，就按你们的价，我要5000码。

听力材料3　三城市夏秋季饮料消费调查

你想知道夏秋季节人们喜欢喝什么吗？目前我们对北京、上海、广州三个城市的近千名消费者进行了调查，结果如何呢？请听录音《三城市夏秋季饮料消费调查》……

你知道在秋季和夏季人们喝得最多的饮料类型是哪几种？它们的饮用频率又是多少？请大家把我们的调查结果填写在表一中：

表一　喝得最多的饮料类型及频率

饮料类型	秋季消费		夏季消费	
	排序	频率	排序	频率
即饮茶	3	12.7%	3	6.4%
果味型饮料	5	4.9%	5	4.2%
碳酸饮料	1	46.7%	1	44.3%
奶类饮料	4	9.3%	4	6.2%
纯正果汁	6	2.6%	6	3.6%
矿泉水、纯净水	2	17.7%	2	15.6%
其　他	\	6.1%	\	19.7%
合　计	\	100%	\	100%

现在你已经知道了人们喝得最多的碳酸饮料，并且秋季和夏季基本上没有差异。那么你知不知道男性和女性对饮料的选择有什么不同？让我们来听一听这方面的调查结果，请你把调查结果填写在表二中：

表二　饮料消费群体的性别结构单位(%)

	碳酸饮料	矿泉水纯净水	果味型饮料	纯正果汁	奶类饮料	即饮茶
男	45.6	52.6	40.5	33.3	35.5	56.8
女	54.4	47.4	59.5	66.7	64.5	43.2

填完这张表，我们发现男性和女性在对饮料的选择上还是有很大的不同的：男性喝得最多的是即饮茶，女性喝得最多的是奶类饮料。那么，不同年龄的人在对饮料的选择上是不是也有不同呢？让我们再来听听这方面的调查结果，请你把结果填在表三中：

表三　饮料消费群体的年龄结构单位(%)

年龄组	碳酸饮料	矿泉水纯净水	果味型饮料	纯正果汁	奶类饮料	即饮茶
14～20	17.1	10.1	12.2	15.4	12.9	9.3
21～30	20.0	28.8	28.4	25.6	17.9	12.6
31～40	25.0	24.7	23.0	25.6	27.9	25.1
41～50	21.0	18.0	17.6	10.3	20.0	24.6
51～60	9.4	8.2	9.5	7.7	9.3	9.8
＞60	7.5	10.1	9.5	15.4	12.1	18.6

此外，由于人们在秋天对饮料的要求跟夏季有很大的不同，加上三地的气候、饮食习惯的不同，对于饮料的口味也有不同的喜好。请你继续听录音并把调查结果填在下面这张表中：

表四　夏秋季饮料消费群体的地区差异比较

地区＼特点		本身口味较柔和	汽少一些的	可以加热的	新鲜的果汁	味道浓一些	味道淡一些	纯水类就行	果汁类多一些
北京	序号	1	2	3	4	6	8	7	5
	百分比	56.1	53.0	52.9	44.6	31.3	20.8	25.0	36.7
上海	序号	2	5	1	3	6	8	7	4
	百分比	56.6	30.1	60.2	45.8	27.7	9.6	25.9	36.1
广州	序号	2	6	3	1	7	8	4	5
	百分比	52.2	38.2	46.3	59.7	30.9	30.4	45.5	40.3

现在你对夏秋季节三大城市的饮料消费情况有一些了解了吗？

第十八课　刨根问底

说　　明

教学目的：通过本课的学习，帮助学生掌握如何进一步追究和查询一件事情的内情或原因，根据所掌握的情况进行试探性的追问，从中寻找相关的信息。

话　　题：婚姻危机、保险、电脑和网络、失恋、失业、医疗、保健

表达形式：对……（没）有吸引力、对……抱有好感、就……来说、刹那、到……地步、忍不住、以至于、正如……所说

文 化 点：心理透视

功　　能：追究（质询、追问）

探询（假设、推测）

（一）追究

本课的追究包括质询与追问。

1. 质询

质询是提出疑问并询问。

可你说你七年中都没怎么见过他，是吗？

你是否有过真正的婚姻？

这个险的费用是多少？又是怎么交付的呢？

既然在认识他以前你觉得过得挺好，为什么你还认为非有他不可，没有他你就活不下去了呢？

你该不会是盗版的吧？

2. 追问

追问是进一步、深一步地问。

你和他连一点和解的可能都没有了吗？

你说你没有他就没法活了，嗯……那么你们俩在一起的时候，你觉得你快乐吗？

你说没有他你活着没意思，那么在你认识他以前，你觉得过得有意思吗？

你说你以前朋友很多，那么你的朋友中有没有异性朋友呢？

（二）探询

探询包括假设某种情况与根据假设的情况所做的推测。

1. 假设

假设他离开了你，那你为什么就不能和别的人再好好相处呢？

咱们设想一下，要是他们知道你离了婚，会不会觉得这是个机会呢？

那么要是你结束了这段婚姻，你实际上会失去什么呢？

你要是离了婚是不是可能过得更好些？

2. 推测

要是你从来没有过真正的婚姻，那么你结束这段婚姻时，你实际上不是什么也不会丧失吗？

咱们设想一下，要是他们知道你离了婚，会不会觉得这是个机会呢？也就是说，再追求你就有可能成功呢？

练　习　答　案

听力练习答案

听力 1　练习二 8　4　2　9　6　5　3　1　7

听力 2　练习二 1. ×　2. ×　3. √　4. √　5. ×　6. ×　7. √　8. ×

听力 3　练习二 1. D　2. D　3. C　4. A　5. C

表达练习参考答案

练习二 选词填空：

1. 以至于　2. 角落　3. 忍不住　4. 刹那

5. 专用　6. 充实　7. 忽略　8. 设想

练习四 按括号中说话人的意向来完成下列对话：

A：请问，你能不能再次确认，你那天晚上确实是 9 点 20 分进的电影院？

B：是，我可以肯定，就是 9 点 20 分，记得我还特意看了一下表。（十分有把握）

A：好。我再问你，你进场的时候电影开演了吗？

B：开演了，我进去时已经开演了。（肯定）

A：这就怪了。我到这家电影院调查过了，他们一向习惯 9 点 25 分开始放映，你9点20分进场，为什么电影已经开演了呢？

B：哦？是吗？我记错了，不是9点20，我看错表了，是9点25分，没错。（改口，9：25开演）

A：好，就算你看错表了，你是9:25进场的，据我调查，这家电影院习惯在正片放映前先放3分钟广告片，2分钟预告片。那么请问，那天晚上电影院放映了哪些广告片？

B：广告片很多，我还真没在意，我对广告片从来没兴趣。（借口没在意）

A：难道你对自己公司的广告都没兴趣吗？

B：哪能呢？我当然喜欢我们公司的广告，但是具体演得哪个，我记不清了。（肯定，但借口记不清是什么）

A：那又错了。我去那家电影院调查过，他们跟你们公司没有任何业务联系，也从来没有放映过你们公司的广告片，那天晚上也不例外。我再问你，那天晚上放映了哪些预告片？

B：我对预告片没兴趣，我不知道放映了哪些。（否定）

A：你对广告没有兴趣，难道你对预告片也没有兴趣？

录 音 材 料

听力材料1　治愈心灵的创伤

如果身体受了伤，我们会很快到医院看医生；那么，如果情感受了伤呢？我们要请求心理医生的帮助。请听录音《治愈心灵的创伤》……

据说，现在成功男士的问候语不是“吃了吗?”，而是“离了吗?”。虽然是句玩笑话，却可以看到现在离婚的普遍性。离婚并不是一件令人高兴的事，其中必定会有人受到伤害。一位在婚姻中受伤的女性，来看心理医生……

心理医生：生命对我们每个人只有一次，你为什么想结束生命呢？

咨　　客：没有丈夫，我一切都没有了。……没有他，我活着也没有什么意思，人生毫无意义，更谈不上快乐幸福……可他要离开我了。

心理医生：这些年，你婚后的生活怎么样？

咨　　客：从一开始就不好……他总是对我不忠……七年了，我们在一起的日子少得可怜，屈指可数。

心理医生：你说你没有他就没法活了，嗯……那么你们俩在一起的时候，你觉得你快乐吗？

咨　　客：不，根本谈不上快乐，能相安无事就不错。……我们总是吵架，白天黑夜地吵，我心里很烦，情绪很糟糕。

心理医生：你说没有他你活着没意思，那么在你认识他以前，你觉得过得有意思吗？

咨　　客：我觉得过得挺好。生活很充实，每天都有很多事情要做，有很多朋友，嗯……我想，我那时……过得挺好。

心理医生：既然在你认识他以前你觉得过得挺好，为什么你还认为非有他不可，没有他你就活不下去了呢？

咨　　客：（很为难地）嗯……

心理医生：你说你以前朋友很多，那么你的朋友中有没有异性朋友呢？

咨　　客：有的，有不少异性朋友喜欢跟我交往，我跟大家都相处得很好。

心理医生：假设他离开了你，那你为什么就不能和别的人再好好相处呢？

咨　　客：因为现在……我对别人没有什么吸引力了。

心理医生：你结婚后，有没有男人仍对你抱有好感？

咨　　客：不少男人追求过我，但我没有理睬他们。

心理医生：咱们设想一下，要是他们知道你离了婚，会不会觉得这是个机会呢？也就是说，再追求你就有可能成功呢？

咨　　客：嗯……我不知道……有可能吧。

心理医生：你说你没有他，一切都没有了，可你说你七年中都没怎么见过他，是吗？

咨　　客：是的，去年一年当中我总共才见过他两次。

心理医生：你和他连一点和解的可能都没有了吗？

咨　　客：不可能了……他已有了别的女人，他不再需要我了。

心理医生：那么要是你结束了这段婚姻，你实际上会失去什么呢？

咨　　客：……不知道。

心理医生：你要是离了婚是不是可能过得更好些？

咨　　客：这没法儿保证。

心理医生：你是否有过真正的婚姻？

咨　　客：……（沉默）

心理医生：要是你从来没有过真正的婚姻，那么你结束这段婚姻时，你实际上不是什么也不会丧失吗？

咨　　客：（停顿了很长时间）我想是不会丧失什么了。

听力材料 2　保险咨询

你了解保险吗？你想投保吗？你知道该怎样向保险公司咨询吗？请听录音《保险咨询》……

保险代理人：你好！我是安康保险公司的保险代理人，您希望了解哪方面的情况？

顾　　　客：你们公司都承办哪些方面的保险？

保险代理人：有很多种，比如，财产险、人寿险等。

顾　　　客：我想问问，人寿险都有哪些险种？

保险代理人：人寿险有幸福险、长寿险等好多种，不知道您想投哪一种？

顾　　　客：我还没定下来。其实，我一直很犹豫要不要投保，因为，就我目前的状况来说，还没这个必要。我目前收入很稳定，而且会越来越高，凭我个人的能力将来一定也错不了。

保险代理人：很多人都有你这种想法。将来的生活肯定会比现在更好，但是你们忽略了一个问题，那就是生活中实际上潜伏着很多风险，是我们日常感觉不到的。不幸的发生，往往就在一刹那之间，因此，我们计划的那些幸福、美好的未来实际上是充满了变数的。而保险的作用也在于此，保险虽不能阻止不幸的发生，但是却可以给予我们一些补偿，不会让我们或我们的家人落到最糟的地步。

顾　　　客：所以我想来想去，还是上个保险吧。那，您看，我今年 40 岁，身体很健康，保什么险比较合适呢？

保险代理人：必不可少的是医疗保险，医疗制度改革以后，公费医疗正逐步取消。因此，医疗费用是很大的一部分开支，医疗费越来越贵，今后一般人是很难负担得起的。而你这个年龄段的人又正是压力最大，负担最重的时候，最容易得病，健康显得尤为重要。我建议你投保重大疾病险。

顾　　　客：这个险的费用是多少？又是怎么交付的呢？

保险代理人：你可以一次付清，也可以分期交。如果分期交的话，每年交 1520 元，一共要交 20 年，那么你就会终身享有 6 万元的寿险保障金，其中包括 4 万元的重大疾病险。

顾　　　客：我也想给我女儿上个保险，不过，她还小呢。

保险代理人：她今年多大了？

顾　　　客：16 岁。

保险代理人：16 岁是买保险的最佳年龄。我建议您既要照顾到当前又要有长远打算，买一份意外伤害保险，以防止发生意外事件；再买一份养老保险。因为她年纪较轻，买养老保险比较划算。年纪越小费用也就越少，况且，保险费确定以后就不会再变了。等到她退休的时候，除了领取国家给的基本养老保险金以外，还可以多一些收入。因此从现在起给她买一份很合适。交费我建议你选择 20 年的，今年开始交。

顾　　　客：明白了，谢谢您的耐心介绍。我回去考虑一下，如果投保的话，直接来您这儿办就可以了吧？

保险代理人：您也可以给我们打个电话，这是我的名片，我们会上门服务的。

顾　　客：好的。谢谢。再见！

保险代理人：再见！

二、根据录音内容判断正误：

1. 顾客是通过电话向保险代理人咨询的。
2. 安康保险公司只承办人寿险。
3. 顾客只是咨询一下，并没有购买保险。
4. 顾客对未来的生活充满信心，所以对买保险持怀疑态度。
5. 重大疾病险保险费必须分期交。
6. 年轻的时候买意外伤害保险比买养老保险划算。
7. 买了养老保险，到退休时，同样能领国家给的基本养老保险金。
8. 要投保的话，顾客必须亲自来保险公司办理。

听力材料 3　网上人生

现代生活中有这样一个群体，他们每天都忍不住想上网泡上几个小时，网上生活已经成为他们生活中不可缺少的一部分。人们给这个群体起了个名字——网虫。请听录音《网上人生》……

从没听说过哪个网虫在网上用自己的真实姓名，在这个世界上，每个网虫都有两个名字，一个是父母给起的，生活中用的名字；另一个是自己起的，网上专用。网虫大都喜欢后者。名字用中文、英文、数字都无所谓，但有一点是重要的，那就是名字一定要有个性！要让其他网虫看了永远都不会忘记。常见的名字有"老狼"、"伤心客"、"小恐龙"等。

由于没有任何约束，网虫在网上的表现可能和生活中的他完全不同，这的确可以说是两种人生。许多网虫朋友在网上已经是老相识了，但真的见面后都很吃惊，因为面前的人和想像中的相差太远了，以至于会问："你该不会是盗版的吧！"

如果你以为网上只谈论电脑的事那你就错了，网上谈论的内容，可能在生活中你永远都不会开口。因为在网上，不会有人看到你脸红。正如比尔·盖茨所说："在互联网上，没有人知道是一个人还是一条狗坐在电脑前……"

夜深了，世界上无数个角落里的男男女女伴随着嚓嚓作响的鼠标声开始上网了，开始了他们自由的网上生活。在网虫的世界里，地理的界限消失了，一切真实生活中的障碍都没有了，人与人之间不再有距离。这正是互联网吸引网虫之处。也可以说，网虫是在网上开拓着自己的另一个人生。

二、根据录音内容选择正确答案：

1. “网虫”是谁的名字？

A. 计算机的名字　　　　B. 一个人的名字

C. 昆虫的名字　　　　D. 一个群体的名字

2. 一般“网虫”在网上用的是什么名字？

A. 真实姓名　　　　B. 父母给起的名字

C. 生活中的名字　　　　D. 网上专用的名字

3. “网虫”的名字要有什么特点？

A. 要用数字　　　　B. 要用英文

C. 要有个性　　　　D. 要常见

4. 为什么说“网虫”们的生活是两种人生？

A. 因为网上的他和现实中的他完全不同

B. 因为网上的朋友比现实中多

C. 因为网上要受到各种约束

D. 因为网上的生活和现实生活完全一样

5. 互联网吸引网虫的原因是什么？

A. 在网上你永远都不用开口　　　　B. 在网上不只是谈论电脑

C. 在网上人与人之间不再有距离　　　　D. 在网上不会有人看到你脸红

第十九课　避重就轻

说　明

教学目的：通过本课的学习，帮助学生理解推脱与回避的表达方式，学会运用这种方式去回避一些难以回答或不愿回答的问题，以及运用语言策略应付一些棘手的问题，避免尴尬局面的出现，化被动为主动。

话　　题：讨债、火灾、词语的避讳、隐瞒病情、私生活

表达形式：以……的名义、你看你……、实不相瞒、之所以……也是……、何必、据悉、挨个儿、拿……不当……

文 化 点：禁忌与避讳

功　　能：推脱（寻找借口、转移目标）
回避（避实就虚、绕开话题）

（一）推脱

推脱是想办法推卸责任。包括寻找借口和转移目标。

1. 寻找借口

眼下资金这么紧张，我们也有困难呀。

这笔钱我们不是不想还，只是目前实在是没钱呀，连工资都快发不出来了，哪有钱还债啊？

2. 转移目标

如今他跑了，你们找我要债，我向谁要呢？

别人不还我的债，我拿什么来还你的债？

安全问题呢，目前是由肖副经理主管。

你问具体的工作啊，这个嘛，啊……我就不大清楚了，负责具体工作的是保卫部门。

我们一直严抓不放，……可有的人就是不听……

（二）回避

回避是不正面回答问题，包括避实就虚和绕开话题。

1. 避实就虚

商场出了事，作为总经理，我也很痛心。

还是说明我们平时对职工教育不够，职工的防火意识还需要加强，以

后我们一定要吸取教训，加强学习。

你们催得这么紧，这哪儿是理解我们啊？

对此我们一定从严处理。

2．绕开话题

我呢，刚上任才两个星期，对一些情况还不太熟悉。

并不是为了……那个。

练 习 答 案

听力练习答案

听力1 练习二 1．× 2．× 3．× 4．× 5．× 6．√

听力2 练习二 1．D 2．A 3．D

听力3 练习三 想一想，下列意思还可以用哪些词委婉地表达：

死了——逝世、去世、牺牲、殉难、罹难、永远离开、永远睡着了、走了、去了、去见上帝、见马克思、离开了人间、到了另一个世界

病了——不舒服、身体有问题、出了毛病

犯罪——进去了、犯事了、被抓进去了、坐牢、蹲监狱

厕所——1号、去方便、卫生间、洗手间、化妆间

表达练习参考答案

练习二 用指定词语完成对话：

1．A：我现在急等着钱用，你看你上次借的钱能不能……早点还？

B：你放心好了，我早晚都会还你的，只不过我现在经济紧张，拿不出钱来。（早晚）

2．A：最近生意怎么样啊？

B：还可以吧，这不，眼下正忙着联系客户呢！（眼下）

3．A：王阿姨，下个星期我要去外地看亲戚，大约要一个星期的时间，家里的事就拜托你帮着照看一下儿，好吗？

B：哎哟，恐怕不行。实不相瞒，最近儿子家出了点儿事，我得去看看他。（实不相瞒）

4．A：赵先生，您好！很高兴认识您！

B：认识您我也很高兴，请允许我以公司的名义对您的到来表示欢迎。（以……的名义）

5. A：你既然不相信我，就别让我干了！

B：哎，你听我说，我只是想进一步了解情况，没有别的意思。

（你听我说……）

6. A：哎呀，我不知道你也想去！我只买了四张机票，没买你的，怎么办呢？

B：是吗？要不这样，你们先走，随后我去找你们。（要不这样……）

7. A：周力，恭喜你获得的巨大成功！你真了不起！

B：哪里哪里，我之所以有今天，也是因为有你们大家的帮助。

（之所以……也是……）

8. A：我半天不在家，儿子就把家里弄得乱七八糟的，真气死我了！

B：他不过是个孩子，何必生这么大气呢？（何必）

9. A：你这次期末考试考得怎么样？

B：唉，总算通过了。（总算）

10. A：这种牌子的烟我们这儿从来没卖过。

B：是吗？这可是个很常见的牌子，你们会不卖？想必你在撒谎。（想必）

练习三 根据说话人意图完成下列对话：

1. A：这条河的污染，是不是跟你们厂排放的废水有关？

B：这个嘛，你注意到没有，这条河附近有好几百家化工厂呢。

（转移目标）

2. A：这两幅作品都能入选，可我们只能选一幅，您看选哪幅？

B：我也不太懂，王书记说选哪幅？（推脱）

3. A：小刘啊，好久不见了，听说你辞职了，到底是怎么回事呀？

B：是啊，你最近忙什么呢？（绕开话题）

4. 老师：王红，昨天的听力口语课怎么没来上呀？

王红：老师，我的一个朋友来了，我得去接他。（寻找借口）

5. A：告诉你个不幸的消息，你可要节哀。

B：是不是姥姥她……

A：是的，她永远地离开了我们。（回避）

6. A：政策不是已经传达了吗？为什么还有那么多人不知道？

B：是我们的工作做得不够细致。（避实就虚）

录 音 材 料

听力材料1 追 债

甲公司和乙公司多年来一直保持着良好的合作关系。由于资金不足，甲公司的林经理曾以公司的名义向乙公司借款五十万元，约好半年后还。半年过去了，乙公司多次派人去催，都被拒绝了，理由是林经理已经辞职，带着钱跑了。现在的陈经理对以前的问题不负有任何责任。

这一次，乙公司派去了有追债经验的李小姐……

李小姐：陈经理，我们公司已经派人跑了好几趟了，您还是想想办法吧，上次欠的那笔钱，早点儿还了吧！

陈经理：实在抱歉，姓林的不仅欠了你们的钱，也欠了公司一大笔钱，我们也是受害人啊！如今他跑了，你们找我要债，我向谁要呢？

李小姐：咱们是兄弟单位，多年的合作关系，应该说是互相理解、互相支持，您说对不对？你们公司由于用人不当造成了损失，我们对此表示同情，但是亲兄弟明算账，这钱早晚总得还吧？我们都等了快一年了。

陈经理：钱是姓林的借的，不是我姓陈的借的，有人欠你的债，也有人欠了我的，别人不还我的债，我拿什么来还你的债？眼下资金这么紧张，我们也有困难呀，你们催得这么紧，这……这哪儿是理解我们啊？

李小姐：陈经理，话这么说就不对了，事情是姓林的办的，但债是你们公司欠的，因为所有的钱都是以你们公司的名义借的，而不是以他个人的名义。这件事一旦追究起来，责任可在于公司啊。用人不当是你们公司内部的事，而欠债是你我两个公司之间的事……

陈经理：我只不过是跟你解释一下儿我们的困难，你看你……你听我说，这笔钱我们不是不想还，只是目前实在是没钱呀，连工资都快发不出来了，哪有钱还债啊？

李小姐：实不相瞒，我来这儿之前，已经做过了调查，我手上有你们职工的工资条，钱还真不少呢！而我们公司这个月已经到了开不出工资的地步了。

陈经理：这个嘛……要不这样，我把欠我钱的厂家的欠条给你，你能要回多少，全带回去，算我还的，这总算可以了吧？

李小姐：您别跟我说这个，欠我们钱的是您，不是别人，我干嘛要去向别人要呢？

陈经理：李小姐啊，我可是一直在为你想办法啊！你还这样逼我，不是乘人之危吗？

李小姐：我们要是乘人之危，早就上法庭了，之所以拖了这么久，也是考虑到两个公司之间的关系，不想太伤面子。陈经理，公司这次为什么派我来，想必您也是知道的，总之，这件事今天是不能再拖下去了，你是想在这儿答复我还是在法庭上答复我呢？

陈经理：李小姐何必生这么大气呢？哈哈哈……我陈某也是讲信用的啊！这样吧，考虑到目前双方的实际状况，大家都有难处，我们就咬咬牙，先还二十万。要知道，这已经是我们能够尽的最大的努力了。

二、根据录音内容判断正误：

1. 这笔钱是以林经理的名义借的。
2. 陈经理目前资金紧张，无法还债。
3. 用人不当是两个公司共同的责任。
4. 李小姐的公司这个月工人的工资还是挺多的。
5. 李小姐打算通过法律来解决，所以不愿意拿陈经理给的别人的欠条。
6. 陈经理不愿意上法庭。

听力材料 2　责　任

昨晚发生在万事兴商业大厦的一场火灾，到今天凌晨 5 点，已经被扑灭。据悉，火灾的发生是由于商场值班人员吸烟引起的，本台记者以最快的速度赶到了火灾现场，进行现场采访……

记　　者：汪经理，据你们的估计，这场火灾的损失大约有多少？

汪 经 理：损失——至少 500 万吧。

记　　者：那么，我想提一个问题，作为总经理，经过这场火灾，您认识到你们在管理上存在着哪些问题？

汪 经 理：商场出了事，作为总经理，我也很痛心。接到电话后呢，马上就赶到了现场，组织人呢，进行救火，反正是努力把损失降到最小吧。我认为呢，火灾的发生，还是说明我们的管理上出现了问题。我呢，刚上任才两个星期，对一些情况还不太熟悉。安全问题呢，目前是由肖副经理主管。

（记者通过电话采访了肖副经理，肖副经理这样对记者说……）

肖副经理：事情已经发生了，现在说什么都太迟了，不管怎么说吧，还是说明我们平时对职工教育不够，职工的防火意识还需要加强，以后我们一定要吸取教训，加强学习。作为公司领导呢，我当然不愿意看到这样的局面发生。你问具体的工作啊，这个嘛，……啊……我就不大清楚了，负责具体工作的是保卫部门。

记　　者：让我们把镜头对准保卫处，听听他们怎么说。

保 卫 处：对于消防工作，我们一直严抓不放，灭火器发到各科室，每年都搞防火宣传，提醒大家注意，可有的人就是不听，就是不注意，缺乏公共道德，结果还是国家受损失，对此我们一定要从严处理。

（记者又采访了现场的职工……）

记　　者：事发当时，你在不在火灾现场？请给我们讲一讲当时的情况。

职　　工：我在楼下，忽然听到“着火了！”看到很多人在往外跑，我也就跟着往外跑。

记　　者：想没想过去救火？
职　　工：当然想过，可怎么救呢？
记　　者：附近没有灭火器吗？
职　　工：有是有，不会用啊！

二、根据录音内容选择正确答案：

1. 汪总经理认为管理上存在着哪些问题？
   A. 防火工作没人抓　　B. 火灾损失严重
   C. 现场没人管理　　D. 没有说明
2. 肖副经理为什么让记者去找保卫部门？
   A. 因为他不了解具体工作　　B. 因为他得组织人救火
   C. 因为他觉得说也没用，不想说　　D. 因为他刚上任两个星期
3. 保卫处的工作存在着什么问题？
   A. 没有发灭火器　　B. 没搞防火宣传
   C. 没提醒大家注意　　D. 没教工人怎么用灭火器

听力材料3　相声《说钱》

在汉语里常常一个词有很多种说法，如果你不想直说的话，不妨拐个弯……请听相声《说钱》……

A：我不信！
B：你不信你可以试试，不论你问什么，都问不出这个"钱"字来，别说"钱"，就是"qiān、qián、qiǎn、qiàn"，都算我输。
A：如果我问出这些字来？
B：如果你问出这"钱"字，待会儿各位看完节目都别走，把名片留下，没有名片的把地址和姓名给我留下。
A：干什么？
B：大年初一我挨家挨户给您拜年。挨个儿给您磕头去。这话说回来了，我要不说出这"钱"字呢？
A：我去呀！
B：那你问吧！
A：问之前，我想请您向各位解释一下，刚才说要给各位拜年，并不是为了……
B：对，并不是为了……那个。
A：这意思你说明白了就是……
B：我要说出来就没意思了。
A：我知道你们家现在可是今非昔比了。

B：生活水平提高了。

A：提高了就是……

B：富裕啦！

A：富裕了就是……

B：发了。

A：发了就是……

B：有基础了。

A：有基础了就是……

B：家底儿厚了。

A：家底儿厚了就是……

B：花不了。

A：所以银行里存的都是……

B：活期的。

A：您爱交朋友。

B：那是，为了朋友，我两肋插什么都行。

A：这人他拿钱不当钱。

B：对。

A：更不在乎说了。

B：这我在乎。

A：每次跟朋友吃饭你都是抢着……

B：吃。

A：吃是吃，吃完了你都是抢着……

B：买单。

A：买单就是……

B：结账。

A：结账就是……

B：掏皮夹子。

A：从皮夹子里拿出来的都是……

B：那都是卡呀。

A：小饭店不收卡，没办法你只好给人家……

B：现金。

A：现金就是……

B：钞票。

A：钞票就是……

B：你知道我知道大家都知道。

A：这么长时间我也没问出这个字来。

B：你给大伙儿磕头去吧。

A：我挨家挨户给您拜年去。

B：各位可听清楚了，他拜年是拜年，千万别给他钱！

A：啊？你说出来了！

第二十课　单元练习

说　明

教学目的：通过本课的学习，对前三课所学的内容进行一次总的复习和检测，并引入新的话题对前三课所学的功能进行补充性或扩展性练习。

话　　题：售后服务、出国留学、应聘、不良习惯

表达形式：是这么回事……、尽可能、仅次于

文 化 点：职业道德

功　　能：洽谈与调查、追究与探询、推脱与回避

练 习 答 案

听力练习答案

听力2　练习二　1. ×　2. √　3. ×　4. ×　5. √　6. √　7. √　8. ×

听力3　小测验　1. D　2. A　3. A　4. B　5. C　6. D　7. B　8. D　9. D　10. A　11. B　12. B　13. D　14. D　15. B　16. D　17. B　18. C　19. D　20. D

表达练习参考答案

练习二 选词填空：

1. 向……交代　2. 之所以……也是……　3. 对……有吸引力　4. 到……地步　5. 您知道的　6. 以至于　7. 以……的名义　8. 何必

练习三 用指定词语完成会话：

1. A：这么好的东西都扔了，现在的孩子可真浪费！
   B：现在的孩子呀，根本拿钱不当钱。　（拿……不当……）
2. A：咱们这么做，我总觉得不太合适。
   B：我们也是万不得已呀。　（万不得已）
3. A：怎么回来得这么晚？也不打个电话？
   B：实不相瞒，我跟同事去喝酒了。　（实不相瞒）

4. A：这两天，我一直在打电话找你都找不到，你去哪儿了？
   B：是这么回事，公司派我到广州出差去了。（是这么回事）
5. A：你不愿意去郊区居住，是不是因为太不方便了？
   B：这倒是，不过也不完全是这个原因。（这倒是，不过……）
6. A：我还是想买辆旧车，我觉得新的太贵了，你说呢？
   B：我觉得你应该买新的，正如人们所说"一分钱一分货"。（正如……所说）
7. A：先生，你能不能给我演示一下儿这台机器都有哪些功能？
   B：当然，我可以挨个儿给你演示。（挨个儿）
8. A：听说豆豆的舞跳得特别好！
   B：是啊！水平仅次于她的老师。（仅次于）

录音材料

听力材料1　维　修

前天，我买了一台扫描仪，回到家里就急急忙忙地开始安装。哪知，不但装不上，而且电脑也因此不能用了，我想……一定是这个扫描仪有问题！得打电话问问他们……

消费者：喂，是电脑公司吧？我前天才从你们那儿买了一台扫描仪，我临走的时候还跟您说了，有问题还得问您……哦，您想起来了！啊，啊，是这么回事，我按你说的，一步一步地装，可怎么也装不上，现在呢，还死机了，您看您能不能过来帮我弄一下儿？

老　板：怎么会呢？

消费者：我也不知道呀！您觉得可能是什么问题？

老　板：是你的 Word 和 Windows 有问题。你得重新装。

消费者：这怎么可能呢？我用了几年都没问题。我装那台旧扫描仪时也从来没出现过这类问题。我觉得会不会是你们的扫描仪有问题？

老　板：绝对不会！我们的产品绝对没问题！我们每天卖出去那么多，从来没遇到过这种事。您要知道我们的牌子……

消费者：我也是因为听说了这个牌子，又看你现场演示效果挺好的，才决定买的，否则，也不会买啊！

老　板：我想一定是电脑的毛病，主机不行。这样吧，你把电脑带过来，我给你看一下。

消费者：什么？主机也得带上吗？哎哟，我可怎么拿呀，我一个人搬不动呀！你还是派人过来吧。

老　板：我们没有上门服务这个项目！

消费者：你想想看，我一个女的，怎么搬得了呢？还是你过来吧！

老　板：我过去的话，你那儿很多盘都没有，万一需要的话怎么办？所以，还得你来！

消费者：那就麻烦你把要用的盘带过来，总比我带两个大机器容易呀！你就多辛苦一趟吧！

老　板：我们没有上门服务这个项目！

消费者：我自己在家弄了两天了，不是万不得已我也不会求您帮忙的。

老　板：我跟你说了，这不是我们产品的问题，你的主机有问题，得重新装一遍。

消费者：没装这台扫描仪时，我的电脑挺好的，一点毛病没有，倒是自从装了这台扫描仪后，电脑就不能用了……

老　板：我们的产品质量非常稳定，你用的是盗版软件吧？

消费着：没有哇！我一直用正版的，机器一直是好的。我急着用呢！我的朋友中没有会修电脑的，除了找你帮忙外，我找不到第二个人了，你不帮我谁帮我呀？

老　板：那去的话，我得下班后，嗯……下班后还有点事，估计得9点以后。

消费者：那太晚了，能不能早点呀？太晚了，不太方便。

老　板：那我就去不了了。

消费者：那好吧！9点你来吧！

一个小时以后，我又接到一个电话："我现在就去你家修电脑！"我抬头看了一下表，指针指向5点，正是他们下班的时间。

听力练习2　留学生活

我们大家都是来中国留学的，那么你知道中国留学生在国外的情况吗，比如在英国？下面请听录音《留学生活》……

由于语言、文化、气候、居住环境的不同，刚到国外，肯定会感到不习惯。出国后的最大困难就是语言障碍。语言障碍既影响学习又限制了自己的生活天地。因此，攻克语言关，是留学成功的基础。下面我以自己的经历谈谈在英国留学生活中的住宿、旅游、陪读等方面的情况。

关于住宿

如果你想住公寓，那么，你在选择公寓住房时，尽可能不要与本国学生住在一起，这样既可以强迫自己与外国学生进行英语交流，以提高语言水平，另一方面也可以多交朋友。住宿费是仅次于学费的第二大费用，大约每周45~60英镑。

如果你不住学生公寓，也可到校外租居民房。英国有许多退休的老人，他们很善良,也很孤独,很欢迎外国学生住进去,这样不但排解了他们的生活孤独,也可以挣一点房费。你应该帮他们做一些力所能及的家务活。

关于旅游

中国人出国的动机之一就是去欧洲看看。尽管英国不是免签证的国家,在英国学习的中国学生,如果有学校的证明,有足够的钱,当天就可以获得去法国、德国、意大利等国的旅游签证。去英国以外的欧洲国家旅游,你可以自己去,也可以委托旅游公司办理。如果跟旅游团一起去的话,既便宜又省心,但时间不自由。夏天是旅游最好的季节,你可以晚上乘火车,白天游览。

关于陪读

英国政府有明确的规定,在英国留学的学生,签证半年以上,其配偶即可以办理陪读。办理陪读的手续也十分简单,只要有结婚证明,有足够的资金,有英国大学提供的留学生证明,去大使馆签证就可以了。孩子在英国,父母也可以办理探亲访问,这种签证也非常容易获得。特别要指出的是,英国政府不允许留学生打工,这也是有明确规定的。但其配偶却可以寻找工作,只要有公司接收就行。

二、根据录音内容判断正误:

1. 在英国留学,学费是仅次于住宿费的第二大费用。
2. 校外的退休老人很欢迎外国学生跟他们住在一起。
3. 退休老人提供的住宿是免费的。
4. 英国不是免签证的国家,所以搞到旅游签证很困难。
5. 跟旅游团一起去英国以外的欧洲国家旅游虽然价钱便宜,但时间不自由。
6. 旅游的最佳季节是夏天。
7. 英国政府明确规定,留学生签证半年以上,配偶就可以办理陪读。
8. 英国政府不允许留学生配偶打工,这是有明确规定的。

听力练习3　小测验

先听录音,然后根据提问,在A、B、C、D四个答案中选择一个最恰当的答案,用圆圈圈起来。

1. 他要是肯帮我,我怎么也不会落到今天这个地步!

   问:这个人现在的处境怎么样?

2. 这场大火如果不及时扑灭的话,后果将不堪设想。

问:这句话的意思是什么?

3. 第一次见到他,就对他抱有好感,那是去年的一个秋天,他踏着满地金黄的落叶向我们走来,长长的风衣被风吹起,潇洒极了!

问:说话人对这个人的印象怎么样?

4. 咱们买这种吧,现在正是“买一送一”的时候,虽然送的东西不值多少钱,但也总比什么都不送强啊!

问:这段话说明了什么?

5. 张先生,谢谢您在繁忙的工作中接受我们的采访。

问:说话人可能是干什么工作的?

6. 恭喜! 恭喜! 新春快乐!

问:当你听到这句话时,该怎么回答?

7. “京欣一号”西瓜皮薄、口感好,在北京市场畅销多年。“海七”西瓜的特点是个儿大,成熟期晚;今年的新品种“农科一号”也很受消费者欢迎,其销售量仅次于“京欣一号”。

问:在北京市场上销售量最大的西瓜是哪个牌子的?

8. A:去山区搞调查呀? 那么穷的地方,太苦了!

B:今非昔比呀!

问:第二个人的意思是什么?

9. A:据说今年高考要改革了,不用考试就可以上,但难就难在毕业不容易!

B:不至于这么快吧?

问:第二个人是什么意思?

10. A:今年春节咱们别回你家了,去南方旅行吧!

B:那怎么行啊? 我们北方的习俗,大年三十必须在婆家过。

问:说话的两个人是什么关系?

11. A:哥,你要的那本书我给你买回来了。

B:多少钱? 我给你。

A:哎,没多少钱,算了吧,算了吧。

B:亲兄弟明算账嘛!

问:哥哥的意思是什么?

12. A:在雨里等了两个多小时,就为了看他一眼,哎呀,真不该来!

B:总算是见到了!

问:第二个人的意思是:

13. A:出去找同学玩儿呀? 找哪个同学呀? 别玩儿得太晚,早点回来! 路上小心,看着点儿车。

B：妈！你看你……又来了！

问：第二个人说话的语气是什么？

14. A：这种计算器的功能很多。

B：是啊，你可以用它当日历、闹钟、地址本、记事本等等，这么说吧，你日常生活中的这些事，它都能帮你做。所以它比一般的计算器贵。

A：那些功能对我来说没用，我只想用它算个数字。能不能删掉这些功能？

B：不行。……嗯，你要是真打算要的话，可以给你便宜点儿。

问：第二个人为什么要给他便宜点儿？

15. A：咱们按照国外的习惯，实行"AA 制"吧！自己付自己的！

B：大家都是好朋友，在这些问题上何必分得那么清楚呢？

问：第二个人的意思是什么？

16 ~ 18

人类正在大步前进，进入一个美妙的时代，从来没有这么多机会让人们去完成那些从前无法做到的事。然而，人类又是脆弱的，越来越多的人发现自己正陷入痛苦之中。生活目标的冲突，生活意义的失落以及生命价值的空虚，这些根本问题正在消磨着人类生存的力量。

人类生活在快节奏的社会里，"活着真累"已经成为许多人面对生活发出的无奈叹息。现代人已经不那么需要防御寒冷和毒蛇，也不那么需要对抗恶劣天气、缺乏食物的日子，但他们必须应付的是时刻表、交通、噪音、拥挤、竞争等人为的紧张环境，因此，现代人的生活要比过去紧张得多。

伴随着快节奏的生活，心理疾病正成为威胁人类健康的最大敌人，也正在对社会造成日益严重的危害。

16. 问：是什么使人们陷入痛苦中？

17. 问：现在人类面对的问题是什么？

18. 问：作者说话的语气是什么样的？

19 ~ 20

从前有一个老和尚想从两个徒弟中选一个做自己的继承人。一天，他对徒弟们说："你们出去给我拣一片最完美的树叶。"两个徒弟出去了。很快，大徒弟回来了，递给师傅一片并不漂亮的树叶，对师傅说，这片树叶虽然并不完美，但它是我看到的最完美的树叶。小徒弟在外面转了半天，最终却空手回来了，他对师傅说，我看到了很多很多的树叶，但怎么也挑不出一片最完美的。最后，老和尚选中了大徒弟做继承人。

"拣一片最完美的树叶"，人们的想法总是美好的，但是，如果不切合实际地一味找下去，最终往往只会吃尽苦头，两手空空。直到某一天，你才会明白：为了寻求一片最完美的树叶而失去了许多大好的机会是多么地可惜！更何况，人生最完美的东西究竟又有多少呢？世上的许多悲剧的产生，正是因为一些人脱离实际去寻找最完美的“树叶”，而忽视了平淡的生活，其实平淡中往往也蕴含着许多伟大与神奇。关键是你以什么样的态度去面对它。

人生中，不要只是追求过于完美的事物，而应该定下心来，一步一个脚印地去拣你认为是最完美的树叶。

19. 问：老和尚为什么选中了大徒弟？

20. 问：这段话告诉我们一个什么道理？

第二十一课　言之有据

说　　明

教学目的：通过本课的学习，输入有关人机大战、申请签证、足球比赛等话题内容，让学生掌握阐述与推理的言语功能及相应的表达形式，训练并提高学生对复句的理解及使用能力。

话　　题：电脑与人脑、申请签证、足球比赛、交通问题

表达形式：大都、则、……胜……平……负、拉开帷幕、最终、足以、无话可说、遗憾的是……

文 化 点：跨文化交际

功　　能：阐述
推理

阐述是指有条理地表述自己的观点或看法，它强调表达的条理性。

推理是指根据已知的情况推断或预测未知情况，它强调表达的连贯性。

在阐述与推理过程中表转折关系、因果关系、假设关系的复句较为常见。本课着重训练学生对这三种复句的掌握，旨在培养学生表达的条理性与连贯性。

1. 转折关系

常用关联词语为“但、但是、可是、却、而、然而、则”。

但此次与“深蓝”作战的人却是世界棋王加里·卡斯帕罗夫。

但随后卡氏认真地总结了经验，最后……

……而如今的“深蓝”已经成长起来。

电脑专家则说，卡氏不能走错任何一步棋。

遭到拒签后，曾经到多家留学服务公司寻求帮助，但都被拒绝。

林小姐没有奖学金，而在美国一年的学费需要一万五千美元。

……而中国 MBA 是这么热门……

如果是因为其他原因拒绝我也就算了，但是我的失败只是因为我哥哥在你们国家……

但由于日本队净胜球比中国队多一个，所以夺得冠军。

在第 33 分钟和第 42 分钟时两次射门，但均被中国队守门员扑出。

2. 让步转折关系

常用关联词语为“虽然……但是”、“尽管……但(却)……”、“固然……

但……”、“即使……也……”。

虽然日本队先后换上三名攻击型队员，但中国队再也没有给对方机会。

“深蓝”虽然打败了世界棋王，但这并不意味着电脑比人脑聪明。

我今天不是来签证的，我今天是来讨个“说法”的！

进入美国大使馆申请签证，并不是去乞讨什么恩惠，而是去证明你的杰出和自信。

3. 因果关系

常用关联词语为“因为……所以……”、“由于……就……”、“因而”、“因此”。

卡氏不能走错任何一步棋，因为任何一个错误都会立刻被“深蓝”抓住，从而使卡氏付出巨大的代价，因此，我们也可以说这场比赛是卡氏在同自己的错误作战。

“深蓝”虽然打败了世界棋王，但这并不意味着电脑比人脑聪明，因为包括“深蓝”在内的所有电脑都不会思想，没有人脑所具备的意识。

如果只说“中国改革开放前途光明”是不够的，因为这样的回答太空洞。

但为什么你们因为哥哥的成功就要惩罚他的妹妹，甚至是更杰出的妹妹？

她的托福成绩只有510分，并且英语口语也不好，(所以)不可能在几十秒钟内说服签证官。

美国有没有法律规定哥哥在美国妹妹就不许去？

如果是因为其他原因拒绝我也就算了，但是我的失败只是因为我哥哥在你们国家，这是一个我无法接受的事实。

由于日本队净胜球比中国队多一个，所以夺得冠军。

4. 假设关系

常用关联词语为“如果”、“倘若”、“假使(如、设)”、“要是”、“若”，主句中常有“那”、“那么”、“就”与之呼应。

如果我发挥正常的话，我知道我是能够打败“深蓝”的！

如果卡氏仍旧维持去年的水平，他再赢深蓝的可能性不会太大。

假如你能表现出这样一种气概，签证官一定会否定他原来的结论。

如果只说“中国改革开放前途光明”是不够的……

美国有没有法律规定哥哥在美国妹妹就不许去？

练 习 答 案

听力练习答案

听力1 练习三 1. × 2. × 3. √ 4. × 5. × 6. × 7. √ 8. √

听力 2　练习一 1. √　2. ×　3. ×　4. √　5. √　6. ×　7. ×　8. ×
9. √　10. ×

表达练习参考答案

练习二 选词填空：

1. 本身　2. 维持　3. 申请　4. 代理　5. 自信　6. 领先　7. 外形

练习三 使用指定词语完成下列会话：

1. A：小张平时练习得很刻苦，比赛前状态也不错。
   B：但他参加国际大赛的经验还是太少，最终还是输给了德国运动员。（最终）
2. A：唉！准备了这么长时间，比赛还是输了。
   B：别灰心，输了比赛并不意味着我们的实力比他们队差。（意味着）
3. A：说实话，当时他确实应该出面制止这种行为！
   B：遗憾的是，他没有这样做！（遗憾的是……）
4. A：她哥哥是工业局的局长，看在这个面子上，能不能照顾一下儿？
   B：正是因为她哥哥是工业局的局长，所以才不能照顾！（正是）
5. A：我还是去年秋天见到过他，当时看上去他的身体还可以。
   B：唉！你还不知道，去年春节以前他的妻子跟他离婚了，这件事对他的打击很大，他从此一病不起，因此，才会变成现在这样。（因此）
6. A：我之所以建议给他最高分，是因为他演讲的逻辑性很强。
   B：在这一点上，我同意你的观点，但这只是一方面，从语音语调来看，他比不上其他参赛者。（在这一点上）
7. A：孙老师，我还是想解释一下那天的事情……
   B：行了行了，你不要再说了，在这个问题上，我不想再浪费时间了！（在这个问题上……）
8. A：小马，我看这件事就这样算了吧，不就是损失了几十块钱吗？
   B：这难道是小事吗？这足以说明了我们的管理存在着严重的问题。（足以）
9. A：陈经理，你能不能解释一下儿你们公司为什么要逃税？
   B：对不起，我无话可说。（无话可说）
10. A：徐教练，你怎么评价大连万达队在今年联赛中的表现？
    B：总的来看，一方面暴露了我们训练中的一些问题，另一方面获得了今年联赛的亚军，也是一个不小的成就。（一方面，另一方面）

录音材料

听力练习 1　人机大战

你听说过“深蓝”这个名字吗？它当然不是一个人，它是一台电脑。而正是这台电脑曾经引发了一场是人脑聪明还是电脑聪明的争论。请听录音《人机大战》……

“深蓝”是生于美国 IBM 公司的一台大型计算机。它的外形看起来就像两个黑色的保险柜。“人输给计算机的时候并不少”，玩过电脑游戏的人大都会这么说。但此次与“深蓝”作战的人却是世界棋王加里·卡斯帕罗夫。卡氏作为国际象棋的世界冠军，取得了 2775 分的总成绩，要知道，这可是国际象棋历史上的最高分。卡氏赛前自信地说：“如果我发挥正常的话，我知道我是能够打败‘深蓝’的！”电脑专家则说，卡氏不能走错任何一步棋，因为任何一个错误都会立刻被“深蓝”抓住，从而使卡氏付出巨大的代价，因此，我们也可以说这场比赛是卡氏在同自己的错误作战。

1996 年 2 月 9 日，卡氏与电脑“深蓝”进行了首场比赛。“深蓝”以强大的攻势和精确的计算，首局就打败了这位世界冠军。但随后卡氏认真地总结了经验，最后终于以 3 胜 2 平 1 负的比分取得了胜利。所有担心被计算机抢走饭碗的人都为卡氏的胜利感到高兴。

失败之后的“深蓝”被进行了大规模的技术改造。改造之后的“深蓝”计算速度提高了一倍，应变能力也有很大程度的提高。“深蓝”的设计者许工程师认为，上次被卡氏打败的“深蓝”只能算是婴儿，很容易被卡氏发现其缺点；而如今的“深蓝”已经成长起来。如果卡氏仍旧维持去年的水平，他再赢深蓝的可能性不会太大。1997 年 5 月 3 日，人机大战再次拉开了帷幕。经过 9 天 6 局的战斗，“深蓝”最终果然以 2 胜 3 平 1 负的比分打败了“前”世界冠军卡斯帕罗夫。

人机大战虽已结束，但由此引发的热门话题却在持续着。有人认为“深蓝”的胜利是高科技的胜利，这胜利本身已经说明了电脑比人脑聪明。有的电脑专家则认为，“深蓝”虽然打败了世界棋王，但这并不意味着电脑比人脑聪明，因为包括“深蓝”在内的所有电脑都不会思想，没有人脑所具备的意识，在这一点上，我们甚至可以说，“深蓝”连最笨的人也比不上。

三、根据录音内容判断正误：

1.“深蓝”被放在两个黑色的保险柜里。

2. 对于玩过电脑游戏的人来说，人输给计算机是必然的。

3. 卡斯帕罗夫获得的 2775 分的总成绩还没有被别人超过过。

4. 卡氏在同“深蓝”进行的第一局比赛中战胜了电脑“深蓝”。

5. 第一次比赛卡氏以3胜1平2负的成绩打败了“深蓝”。

6. 改造之后的“深蓝”应变能力提高了一倍。

7. 第二次比赛卡氏以1胜3平2负的比分输给了电脑“深蓝”。

8. 电脑“深蓝”不会思想，没有人脑所具备的意识。

听力材料 2　美国签证哲学

林小姐去年夏天申请自费去美国留学。遭到拒签后，曾经到多家留学服务公司寻求帮助，但都被拒绝。不止一家的代理人看完她的材料后认为毫无希望，劝流着眼泪的她：“忘了这回事吧！”但最近却有消息说林小姐马上就要前往美国了。你知道她是如何拿到签证的吗？请听录音《美国签证哲学》……

林小姐是在北京东方公司的帮助下拿到签证的。那天她第一次来到北京东方公司，接待她的徐先生也认为她没有希望，但林小姐坚持要求徐先生把她的情况“死马当活马医”。其实当时她也没有料到自己的“死马”能够被救活，甚至插上翅膀飞到美国。

应该说林小姐有全部被拒签的理由。首先，没有足够的资金。林小姐没有奖学金，而在美国一年的学费需要一万五千美元。其次，移民倾向。林小姐的哥哥在美国，至今没有回来，林小姐自然也想留在美国。第三，学习目的不明。她去读 MBA 的学校，是一所非常一般的大学，而她在国内的学校却是名牌大学。最后，她的托福成绩只有 510 分，并且英语口语也不好，不可能在几十秒钟内说服签证官。

徐先生认真地研究了林小姐的这些情况以后，作出了以下指导：

首先，“资金不足”是拒签的两个主要理由之一。但是，没有奖学金，并不意味着“我”没有钱。我有钱，而且有的是钱！在这个问题上最重要的不是你到底有没有钱，而是表现你有钱的感觉。林小姐在后来的申请书中告诉签证官，她去年挣了二十多万，丈夫也挣了十好几万。“你需要证明吗？我可以给你。”当然，你的回答要充满自信，要足以说服签证官，让他相信你，从而让他同意给你签证。

其次，“移民倾向”是拒签的另一大理由。在如何证明你自己一定要回来这一问题上，如果只说“中国改革开放前途光明”是不够的，因为这样的回答太空洞。你必须说明“你”这个人在什么情况下为什么一定会回来，而且非回来不可！林小姐反驳“移民倾向”的理由是：一个非常一般学校的 MBA，在美国有什么前途？而中国 MBA 是这么热门，况且自己在中国又是如此成功呢！“难道我花这么多钱到美国学习就是为了找一个洗碗的前途吗?!”听了林小姐的反驳，签证官一时无话可说。

第三，哥哥在美国读博士又怎么样？美国有没有法律规定哥哥在美国妹妹就不许去？林小姐说:“哥哥在美国读博士,我为他自豪。但为什么你们因为哥哥的成功就要惩罚他的妹妹,甚至是更杰出的妹妹?”林小姐进一步攻击:“如果是因为其他原因拒绝我也就算了,但是我的失败只是因为我哥哥在你们国家,这是一个我无法接受的事实!”你必须保持这样一种心理:我今天不是来签证的,我今天是来讨个“说法”的！假如你能表现出这样一种气概,签证官一定会否定他原来的结论。

这个时候,你不妨展望一下二十一世纪的中国将有多少了不起的机会。“我还没有去呢,就几乎想回来了!”签证官仔细看完林小姐的申请书后扶了扶眼镜告诉她:“你是我到中国工作以来同意的第一个去美国学习的自费留学生!”

有一点一定要记住,进入美国大使馆申请签证,并不是去乞讨什么恩惠,而是去证明你的杰出和自信。美国法律一方面限制有移民倾向的人入境,另一方面却鼓励杰出的人、有才能的人去美国发展。在这里你要证明的,只是真正的你。

一、根据录音内容判断正误:

1. 林小姐是要申请去美国自费留学。
2. 遭到拒签后,林小姐只去过一家留学服务公司寻求帮助。
3. 在北京东方公司,于先生接待了她。
4. 跟其他的代理人一样,徐先生开始也认为林小姐的事情不大好办。
5. 林小姐打算去美国留学,但她没有足够的资金。
6. 林小姐在国内的学校是一所非常一般的大学。
7. 林小姐的托福成绩只有570分,并且英语口语也不好。
8. 移民倾向和学习目的不明是林小姐遭到拒签的两个主要理由。
9. 林小姐花那么多钱到美国学习当然不是为了找一个洗碗的前途。
10. 林小姐是那个签证官到中国工作以来批准的第一个去美国留学的中国学生。

听力材料 3　东亚足球四强赛,日本队夺得冠军

本报东京3月7号报道　中国队在这里举行的东亚足球四强赛中,凭借前锋黎兵两个进球,出人意料地以2:0战胜东道主日本队,中国队队长在下半场罚失一个点球,使中国队失去夺取冠军的大好机会。

至此东亚足球四强赛全部比赛结束,中国队、日本队、韩国队成绩均为两胜一负,但由于日本队净胜球比中国队多一个,所以夺得冠军,这已是日本队连续第三次在此项比赛中夺取冠军。中国队则比韩国队多一个净胜球,排名第二,

韩国队排名第三，中国香港队三战三负，获得第四名。

中国队在今天的比赛中发挥出色，前锋队员在对方球门前频频制造麻烦。第十分钟时，黎兵接角球头球射门，球碰到对方后卫身上弹入网内。其后日本队全力反击，在第33分钟和第42分钟时两次射门，但均被中国队守门员扑出，上半场中国队以1:0领先。下半场第6分钟时，又是黎兵射门命中，为中国队再夺得一分，并且逐渐控制了场上局面。虽然日本队先后换上三名攻击型队员，但中国队再也没有给对方机会。遗憾的是中国队自己也没有抓住进一步扩大比分的机会，尤其是第32分钟时，队长将一个宝贵的点球踢飞，使中国队终于和本次比赛的冠军无缘。

第二十二课　对不起，我打断一下

说　明

教学目的： 通过本课的学习，输入有关采访、社区养老服务体系、悬念、难忘的遗憾等话题内容，让学生掌握置疑与添加的言语功能及相应的表达形式，训练并提高学生在交流中深入挖掘自己需要的信息，充分地自我表达的能力。

话　　题： 采访、社区养老服务体系、悬念、难忘的遗憾

表达形式： 性/者/度(词尾)、在……看来、出于……考虑、征得……同意、打断一下儿、所谓……是指……

文 化 点： 中国社会养老问题

功　　能： 置疑(提问、追问)
添加(打断、补充)

(一)置疑

置疑是表示怀疑。在本课中分为提问、追问两个子项目。

1．提问

提问，指因怀疑而直接提出自己的问题。

那么你能不能说一说你是一个什么样的理想主义者呢？

……这是出于什么考虑？

对此，你是怎么想的？

……不知道你是怎样调节的？

那么根据我国的社会、经济发展状况，你认为哪种养老方式最好、最可行呢？

您能不能给我们介绍一下这个体系有哪些特点和优势？

除了您刚才说到的低龄和健康老人外，社区养老服务人员还应该怎样具体组织呢？

你去了吗？

天哪，那照片是真的吗？

2．追问

追问是指针对一个问题进一步地询问，期望得到更深一层的答案。

请问究竟是什么原因促使你做出这样的选择的？

但你考虑过没有，去太平洋卫视会使你失去很多喜爱你的观众？

我还是要问一下儿你的个人生活……

……你能不能进一步解释一下儿？

您刚才说到空巢家庭，您能不能解释一下儿什么是空巢家庭？

（二）添加

1. 打断

打断是指在别人正在谈话的时候，插入自己的问题。

对不起，吴会长，我打断一下，您刚才说到空巢家庭，您能不能解释一下儿什么是空巢家庭？

对不起，我插一句……

2. 补充

补充是指对一个问题进行补充说明。

当时的工作对我来说已经没有什么挑战性了，或者说我有点厌烦了……

因为我不想平平淡淡地度过自己的一生，或者说我身上还有点儿学生的浪漫，总想着应该为某个理想而努力……

我觉得商人是一种职业，再说商人也有层次的不同。

同时，我也像每个幸福的女人一样，向往过那种美好的家庭生活……

除此之外，空巢家庭和单亲家庭逐渐增多，家庭的养老功能越来越淡化……

另一方面，我觉得那种将老年人集中在养老院里过着被动的、单调的生活，并不是最好的养老方式。

他们在承担自我养老责任的同时，还可以参加社区服务，照顾那些丧失了自我服务能力的老人……

除了您刚才说到的低龄和健康老人外，社区养老服务人员还应该怎样具体组织呢？

……我还特意买了一只昂贵的钻石戒指……

练习答案

听力练习答案

听力 1　练习二 1. √ 2. × 3. √ 4. × 5. √ 6. × 7. × 8. √ 9. √ 10. ×

表达练习参考答案

练习二 选词填空：

1. 推迟 2. 挫折 3. 制作 4. 精心 5. 功能 6. 被动 7. 订婚 8. 贬义

练习三 下列句子能否换一种说法(使用指定词语)？

1. 在徐宁看来,参加不参加这次东亚足球四强赛对他没有什么太大的影响。 (在……看来)
2. 出于对公司长远利益的考虑,我们决定扩大我们公司设计研究院的规模。 (出于……考虑)
3. 征得当地政府的同意之后,他对当地的纺织品市场做了详细的考察。 (征得……同意)
4. 当时的热门专业很多,是什么促使你选择农业呢？ (促使)
5. 所谓寒流,是指北方的冷空气大规模地向南方运动,并且造成大范围降温及强烈偏北风的天气过程。 (所谓……是指……)
6. 除此之外,我还要再强调一遍,绝对不许喝酒,否则会引起其他更严重的疾病。 (除此之外)

练习四 根据说话人意图完成下列对话：

1. A：赵先生,你能不能解释一下你为什么没有出席昨天的会议？ (提问)
   B：关于这个问题我现在不想多谈。
2. A：我刚才告诉你的可都是小李亲口对我说的。
   B：这一点我是完全相信的。 (相信)
3. A：听说小杨托福考了600多分呢！
   B：不可能吧？她准备了才一个多月,就能考这么高的分儿？ (怀疑)
4. A：好了,好了,别麻烦我了,你自己去看看不就知道了？
   B：我这不是没有时间嘛！现在的情况到底怎么样了？ (追问)
5. A：你也知道,我又不是第一次做红烧肉,他竟然……
   B：对不起,我打断一下,你上次做红烧肉是什么时候？ (打断)
6. A：吴平大概是8月下旬到的美国,之后马上开始准备她的钢琴表演。
   B：不对吧！我记得她9月初还在上海参加世纪音乐会了呢！ (纠正)
7. A：他出现得太是时候了,要知道当时我们没有一点吃的了。
   B：并且当时我们的手机也都没有电了。 (补充)
8. A：明天的校友会你到底去不去参加？
   B：去吧,小赵交给我的任务就完不成了;不去吧,我又觉得有些遗憾。 (犹豫)

录 音 材 料

听力练习1　对一名主持人的采访

马立曾经是青春电视台一位著名的节目主持人，几年前她突然决定到国外去读书，让许多喜爱她的观众感到很意外。最近，马立因为工作的关系回到北京，我们就她的事业、生活几方面对她进行了采访。请听我们的采访录音……

记者：马小姐，你好，首先对你接受我们的采访表示感谢！

马立：不客气！

记者：1995年正是你事业上如日中天的时候，你却突然离开了青春电视台去国外读书，许多喜爱你的观众都感到很意外。请问究竟是什么原因促使你做出这样的选择的？

马立：我觉得这是我的性格因素造成的。当时的工作对我来说已经没有什么挑战性了，或者说我有点厌烦了，所以我很坚决地放弃了那些在我看来都并不十分重要的东西，去了国外。

记者：记得在你的一本书中你曾经说到过自己是一个理想主义者，那么你能不能说一说你是一个什么样的理想主义者呢？

马立：（笑）嗯，我的确一直把自己当作一个理想主义者，我需要在别人肯定我之前首先有一个自我肯定，但是以前做的一些事情让我找不到理由来肯定自己。有时候我自己也思考我到底想做什么，到底什么职业最适合我，想来想去，觉得这么多年来所做的事情都不是自己真正想做的，所以总有一种疲倦的感觉。我想，做自己真正想做的事很重要，因为我不想平平淡淡地度过自己的一生，或者说我身上还有点儿学生的浪漫，总想着应该为某个理想而努力，那样才会觉得活得有意义。

记者：你回国后人们都以为你还会回到青春电视台，但你却去了太平洋卫视，这是出于什么考虑？

马立：太平洋卫视在节目的选择、制作上自由度更大一些，这一点比较适合我。

记者：但你考虑过没有，去太平洋卫视会使你失去很多喜爱你的观众？

马立：我想，世界上没有两全其美的事。你可以换一个角度来看，你要选择一个自己更喜欢的自由度更大的节目，那么你肯定要有所失。

记者：我还是要问一下儿你的个人生活，你说你曾经受到过“情感的挫折”，听起来不知道是怎么回事，你能不能进一步解释一下儿？

马立：嗯，请原谅，那段生活涉及到另外一个人，我在没有征得别人同意的情况下，不能涉及别人，因为我要对别人负责。我对感情一直很认真，那种痛苦也是很真实的。婚姻还是要讲缘分，没有必要去强调谁对谁错。

记者：人们对你的丈夫是一位商人有些议论，因为在中国人的眼里，“商人”一词多少含有一点儿贬义。对此，你是怎么想的？

马立：我觉得商人只是一种职业，再说商人也有层次的不同。我看人是看人本身，看人的性格，不是看人的职业。

记者：你作为一名职业女性，事业与家庭之间的矛盾是免不了的吧，不知道你是怎么调节的？

马立：怎么说呢，这也是我目前所面临的另一个问题，我还不太善于调节，所以很烦恼。我刚才说了，我是个理想主义者，还想在事业上再努努力；同时呢，我也像每个幸福的女人一样，向往过那种美好的家庭生活，有自己的房子、养几个孩子、养一条狗……（笑）但那都是未来的，都是梦想，我现在也只能去梦想未来。

记者：好的，马小姐，我们再次感谢你接受我们的采访。希望我们以后有机会再次合作！

马立：好的，我也希望能够再次与你们合作！

二、根据录音内容判断正误：

1. 马立是1995年离开青春电视台到国外去读书的。
2. 马立虽然觉得以前的工作很理想，但她还是选择了读书。
3. 马立承认自己是一个理想主义者。
4. 马立只想平平淡淡地度过自己的一生。
5. 马立去太平洋卫视是因为太平洋卫视更自由。
6. 在自由度更大的节目和喜爱自己的观众之间，马立选择了后者。
7. 马立否认她受到过“情感的挫折”。
8. 马立认为决定婚姻成败的因素在于缘分。
9. 马立选择一个商人作自己的丈夫，有些人对此接受不了。
10. 马立希望自己将来有一个孩子，有一个美好的生活。

听力材料2　发展社区养老服务体系

观众朋友们，大家好！欢迎收看《老人世界》！随着社会的发展，到本世纪末，我国将成为人口老龄化国家。我们今天有幸请到了中国老年人协会会长吴其人女士，跟她聊一聊有关社会养老的问题……

主持人：目前我国60岁以上的老年人口已达1.2亿，约占全国总人口的9.7%，“谁来照料老年人”已成为社会普遍关注的问题。

吴会长：是这样，我国60岁以上的老年人口到2000年将达到1.3亿，占总人口的10%以上，进入21世纪，人口老龄化将以更快的速度发展。如何解决中国的人口老龄化问题，是摆在我们面前的一个重要的社会问题。

主持人：那么根据我国的社会、经济发展状况，你认为哪种养老方式最好、最可行呢？

吴会长：随着我国的家庭规模的缩小，家庭可以为老年人提供照料的条件越来越少。除此之外，空巢家庭和单亲家庭逐渐增多，家庭的养老功能越来越淡化……

主持人：对不起，吴会长，我打断一下，您刚才说到空巢家庭，您能不能解释一下儿什么是空巢家庭？

吴会长：所谓空巢家庭，是指子女不在老人身边的家庭，这种情况尤其以知识分子家庭最为集中。据调查，有些科研单位的空巢率高达 30～40%。嗯……刚才说到家庭养老的一些问题；另一方面，我觉得那种将老年人集中在养老院里过着被动的、单调的生活，并不是最好的养老方式。通过社区建立和完善各种为老年人服务的功能，让老人仍然住在家里，由社区服务中心把系列化的服务送到老人家里，是实现社会养老和家庭养老相结合的最好方式。

主持人：好的，大概有的观众对社区养老服务体系还不太熟悉，您能不能给我们介绍一下这个体系有哪些特点和优势？

吴会长：好的，城市社区养老服务体系就是以现有社区格局为基础，建立起一套完整的、能为老年人提供物质、心理、文化、娱乐等多功能、多形式系列服务的这样一套体系。有了社区养老服务体系，老年人的积极性可以得到充分的发挥。比如，低龄老人、健康老人，他们在承担自我养老责任的同时，还可以参加社区服务，照顾那些丧失了自我服务能力的老人，大家互相帮助。当然了，子女也可以继续在家里照顾老人。

主持人：那么，除了您刚才说到的低龄和健康老人外，社区养老服务人员还应该怎样具体组织呢？

吴会长：从目前来看，社区养老服务体系的服务人员，可以吸收下岗人员和家庭妇女参加，经过培训，使他们具备必要的服务技能和道德素质。

听力材料 3　悬　念

一家饭馆里，一群来海边的旅游者一边吃晚饭，一边聊天。鱼端上来了，他们七嘴八舌地讲起那些在鱼肚子里发现珍珠或其他宝贝的故事。

在旁边吃饭的一位老人一直默默地听他们聊天，一会儿他终于忍不住了，就对那些旅游者说："我听你们讲这些已经讲了很长时间了，现在你们听我来讲一个吧……我年轻的时候，在一家海运公司工作。在我 24 岁那年，我跟一个漂亮的姑娘相爱了，我们很快就订了婚。就在我们准备举行婚礼的前三个星期，公司突然派我去新加坡处理一桩货物纠纷。"

“你去了吗?”一个姑娘打断了老人的叙述。

“没办法,我只能服从公司的安排,我们的婚礼也不得不推迟了。由于出了一些意外的麻烦,我在新加坡呆的时间比预料的长了两个多月。一处理完公司的事,我就急忙往家里赶。离开新加坡之前,我还特意买了一只昂贵的钻石戒指,想送给我的未婚妻。

“船走得太慢了,我无聊地翻看着其他旅客带来的报纸。忽然,我在一张报纸上看到了我的未婚妻和别人结婚的照片。”

“天哪,那照片是真的吗?”那个姑娘又问。

“当然是真的,我当时真是伤心极了,愤怒地把我精心挑选的钻石戒指扔进了大海。

“几天前,我在离这儿不远的一家饭馆吃饭,我也要了一条鱼。我吃鱼的时候,牙忽然被一个硬东西硌了一下。我想,你们已经猜出来了,我吃着什么了?”

“戒指!”周围的人一起说。

“不,”老人慢慢地说,“一块鱼骨头。”

第二十三课　分庭抗礼

说　　明

教学目的：通过本课的学习，输入有关商品打折、左撇子、诡辩、游戏等话题内容，让学生掌握挑战与应战的言语功能及相应的表达形式，训练并提高学生听力理解及口语辩论的能力。

话　　题：商品打折、左撇子、语言游戏、爱好

表达形式：何乐而不为、反过来说、用……的话来说、试想、恰恰相反、有意思的是……、没有必要非得……、直到……为止、三下五除二、顿时

文 化 点：辩论技巧

功　　能：挑战（发难、论述）

应战（反驳、论证、例证、引证、纠正、提醒、反诘、讽刺）

（一）挑战

挑战是一个比较大的功能项目，在本课中又分为发难和论述两个小的项目。发难是指主动进攻，直接向对方提出问题，先声夺人；论述则首先表明自己的论点，稳扎稳打。

1. 发难

我有一个小问题请问梁明同学……

我有一个具体的问题请问魏红同学……

尊敬的张先生，我有一个问题，请问发展经济重要还是发展教育重要？

我的问题是，在现在没有资金的情况下怎么办？

我感兴趣的是，梁先生对实际情况了解多少？

2. 论述

我想只要能听懂这句话的人都不会反对我的观点，那就是：打折——利大于弊。

从市场的角度来看，我认为打折是利大于弊的。

（二）应战

应战也是一个比较大的功能项目，本课中涉及到反驳、论证、例证、引证、纠正、提醒、反诘、讽刺几个小的方面，主要练习的是反驳、论证、例证、纠正、反诘。

1．反驳

反驳是应战的第一步，一般抓住对方立论的弱点，直接反击。

花最少的钱买最好的东西确实是一条最简单、最基本的经济原则。但现在的问题是，你确实花了最少的钱，可你买到的东西真的是最好的吗？

我承认武汉夏天太热，但你别忘了南京也好不到哪儿去！

不错，我确实说过我是一个理想主义者，但这并不意味着我没有实际工作的能力。

我不否认我的学历没有你高，但这说明不了我的能力比你差。

饺子？饺子是我用面条换的！

面条我没吃啊，我还给你了，还付什么钱？

我要，我要也不是让你给刮下来呀！

2．论证

论证重在讲道理，有时可以从正反两个方面入手。

我想说明的是，如果真是质量可信的商品，它的价格是不会降下来的；反过来说，如果一件商品的价格可以打到八折，甚至有的商场打三折，那么它的质量绝对是有问题的。

我觉得无论是服装生意还是别的什么生意，都要对消费者负责。任何产品的价格都应该是经过充分的市场调查之后确定下来的，是严肃的。经常打折，是对消费者不负责任的表现。

……市场看上去似乎是繁荣起来了。但这只是事物的一方面，是打折对经济发展的积极影响，而另一方面你却没有看到，那就是打折对经济发展的消极影响。

各位，我认为我们辩论的结果已经很明显了，……

3．例证

例证的特点在于通过举例来阐明自己的观点。

让我们举一个例子来说明，商场的老板……

比如，你昨天刚买了一件衣服，今天却看到另一家商场同样品牌的产品在半价出售……

比如，每逢节日，商场都会挂出“打折”的牌子……

像开门、拉拉链、扣扣子等，这些基本的生活活动没有一件不让他们感到吃力。

4．引证

引证是指引用别人的话或类似情况来阐明自己的观点。

《现代汉语词典》第229页上是这么说的：“……”

用街上流行的话来说就是：“……”

正如一位商人所说的那样："不怕不赚钱，就怕钱不转"。

正如马克思所说的那样，只有经济才是社会的基础。

伊索寓言中早就讲过这样的道理，……

用马部长的话来说就是："不行，不行，绝对不行！"

5. 纠正

纠正是指出对方立论的片面性或错误，从而树立自己的论点。

不，那只是你的结论，我并不这样认为，恰恰相反，我认为……

经济实力只是决定企业成败的一个方面，而另一方面你却没有看到，那就是企业管理。

恰恰相反，我认为这项事实正说明了你的结论是错误的。

6. 提醒

提醒是指借助为对方所忽视的方面来反击。

我要提醒你的是，你追求的是长期的发展与繁荣还是短期的发展与繁荣。

我想你忽视了一个最重要的因素，那就是市场。

我提醒你别忘了，这是在中国……

我要提醒你的是，在这个公司里并不是你说了算！

贵公司上次一次就从我们这儿拿走了400万，400万哪！对我们这样一个小企业，不是一个小数字啊！

7. 反诘

反诘目的在于给对方设置两难境地，以强烈的语气提出无需回答的问题，造成较强的气势。

那么我们何乐而不为呢？

他肯打八折，80块钱卖给你吗？

试想下次再买衣服时，你还会考虑那个牌子吗？

事实本身不是已经很有说服力了吗？

你想想，谁的身边没有几个左撇子呢？

那我们是不是一定要等到事故发生之后才采取措施呢？

难道你们不知道吸取以前失败的教训吗？

现在还存在这样的想法，这不是幼稚是什么？

8. 讽刺

讽刺也是论辩过程中经常使用的项目，它多运用夸张、比喻等手法来达到压倒对方的目的。

如果真有的话，那我就要建议那位老板到安定医院去好好检查检查了，因为我估计他的脑子一定出了问题。

我要是在你的位置上，早就把他开除了！
要是在我们厂发生这样的事，厂长早就辞职了！
我建议你还是回家休息休息比较好！

练 习 答 案

听力练习答案

听力2 练习二 1. √ 2. √ 3. √ 4. √ 5. × 6. × 7. √ 8. × 9. √ 10. ×

表达练习参考答案

练习二 使用指定词语完成下列句子：

1. 既然你也知道春节期间草莓的市场需求量很大，并且自己以前也种过草莓，那你何乐而不为呢？ （何乐而不为）
2. 我看这种产品的质量不会太好，用那句老话来说："一分钱一分货。" （用……来说）
3. 你托我的事情都已经办妥了，你就放心吧，正如刘德华所说的那样："一切尽在掌握。" （正如）
4. 在现在的服装市场上，一个没有个性的品牌是站不住脚的，反过来说，要想在服装市场上占有一席之地，就必须创造有个性的服装品牌。 （反过来说）
5. 一听说公司要让他下岗，他顿时就哭开了。 （顿时）
6. 据他家的邻居说，那天下午4点多，她看见一个穿着一身黑衣服的人去过他家，试想可能是谁呢？ （试想）
7. 我看你现在完全可以活得轻松点，没有必要非得把自己搞得那么疲惫。 （没有必要非得……）
8. 他这个人特别幽默，张嘴就让你哈哈大笑，直到你听得笑不动为止。 （直到……为止）
9. 刘师傅修车的技术相当棒，我那自行车都四五年没骑了，他三下五除二就给修好了。 （三下五除二）
10. 这个例子并不能说明你就是对的，恰恰相反，它对你的对手很有利。 （恰恰相反）

练习三 朗读下列句子，注意它们在争论或辩论中的功能：

说 明：本题设计的各组句子功能分别为发难、反驳、提醒、引证、纠正、反诘、讽刺。

录 音 材 料

听力材料 1　我看打折

近年来“打折”已成为大家熟悉的一个词，以至于现在消费者购物之前总是习惯性地问一句：“打折吗？”每逢过年过节，打折就像流行性感冒一样在各大商场爆发。随意逛几家你就会发现，许多以前连想都不敢想的国际品牌，已经降到了三折甚至一折。“打折”到底是好事还是坏事呢？上星期二晚上我校中文系 99 级 2 班同学组织了一场辩论会，题目就是《我看打折》。下面请听辩论会的录音……

方芳：各位老师，各位同学，晚上好！我们讨论打折，首先应该弄清楚这个词的意思是什么。《现代汉语词典》第 229 页上是这么说的：“打折，降低商品的价格出售。”我想只要能听懂这句话的人都不会反对我的观点，那就是：打折——利大于弊。花最少的钱买最好的东西，这是一条最简单、最基本的经济原则，而打折为我们提供了很好的机会，那么我们何乐而不为呢？

梁明：方芳同学说得很对，花最少的钱买最好的东西确实是一条最简单、最基本的经济原则。但现在的问题是，你确实花了最少的钱，可你买到的东西真的是最好的吗？让我们举一个例子来说明，商场的老板 100 块钱进了一条裤子，他肯打八折，80 块钱卖给你吗？我想这种便宜事肯定是不会有的；如果真的有的话，那我就要建议那位老板到安定医院去好好检查检查了，因为我估计他的脑子一定出了问题。（众笑）我想说明的是，如果真是质量可信的商品，它的价格是不会降下来的；反过来说，如果一件商品的价格可以打到八折，甚至有的商场打三折，那么它的质量绝对是有问题的。用街上流行的话来说就是：“从南京到北京，买的没有卖的精。”

方芳：我有一个小问题请问梁明同学，最近几天你去过西单商场没有？

梁明：很抱歉，没去过。

方芳：那就只好由我来告诉你了，现在西单正在举行夏季服装展销活动。有一种 T 恤衫，原价 980 元，现价 99 元，打一折出售。梁明同学一定要怀疑它的质量了。不过我请你放心，因为法国“鳄鱼”的牌子还是让人可信的。服装生意就是这样，它跟别的生意，比如家电什么的不一样，服装的新款式刚推出时，价格高，利润大；等流行过去了，就只能降价出售，否则会越来越难卖，这是服装生意的特点。

王静：我觉得无论是服装生意还是别的什么生意，都要对消费者负责。任何产品的价格都应该是经过充分的市场调查之后确定下来的，是严肃的。经常打折，是对消费者不负责任的表现。比如，你昨天刚买了一件衣服，今天却看到另一家商场同样品牌的产品在半价出售，不知道大家会有什么感觉？反正我会觉得上当了。试想下次再买衣服时，你还会考虑那个牌子吗？

张力：从市场的角度来看，我认为打折是利大于弊的。现在中国的商业整个都不景气，经济运转缺乏动力，这对我国经济的进一步发展是极为不利的，正如一位商人所说的那样："不怕不赚钱，就怕钱不转"。打折可以吸引顾客，刺激消费，从而带动整个市场，促进经济的发展与繁荣。

魏红：张力同学，我要提醒你的是，你追求的是长期的发展与繁荣还是短期的发展与繁荣。从短期来看，商品打折以后，购买商品的顾客确实是增加了，商场的经济效益提高了，市场看上去似乎是繁荣起来了。但这只是事物的一方面，是打折对经济发展的积极影响，而另一方面你却没有看到，那就是打折对经济发展的消极影响。比如，每逢节日，商场都会挂出"打折"的牌子，节前的市场被刺激起来了；但节后呢？节后的日子怎么过呢？这是不是"杀鸡取卵"呢？

肖军：对不起，我打断一下！我有一个具体的问题请问魏红同学。刚才方芳说了，西单商场"鳄鱼"T恤衫只卖99元，请问，你会去买吗？

魏红：当然会，如果我不去，恐怕梁明也要建议我去安定医院检查检查了。（众笑）

肖军：各位，我认为我们辩论的结果已经很明显了，连坚持打折"弊大于利"观点的人都去买打折的"鳄鱼"T恤衫，这事实本身不是已经很有说服力了吗？

魏红：不，肖军同学，那只是你的结论，我并不这样认为，恰恰相反，我认为我去买打折的"鳄鱼"T恤衫这项事实，正说明了目前我国的市场还不够健全，商家之间的竞争是无序竞争，你降我也降，所以打折才会像流行性感冒一样在各大商场爆发。一旦我国的市场成熟了，竞争体制健全了，顾客买到的都是价格合理的"鳄鱼"T恤衫，那么，单靠打折来吸引顾客的商场也就该关闭了。

听力材料 2　左撇子

世界上大约有三亿人都有一个不方便的地方，那就是他们是天生的左撇子。他们常常会遇到我们想像不到的许多麻烦事，像开门、拉拉链、扣扣子等，这些基本的生活活动没有一件不让他们感到吃力，为"右撇子们"设计的东西确实给"左撇子们"造成了不少的麻烦。

很长时间以来，人们很少关心左撇子们遇到的问题。直到最近三四十年，人们才开始认真考虑左撇子的需要。这是因为左撇子的数量是相当可观的，你想想，谁的身边没有几个左撇子呢？或者说是人们开始意识到这个市场的价值了。为了满足左撇子的需要，人们发明了许多新的商品和服务项目。比如，左撇子运动员会对右手使用的运动器械感到不方便，现在市场上已经可以买到适合他们使用的运动器械了，农民也可以买到左手使用的农业工具了，左撇子们家里用的冰箱一定是右边开门或者是两边开门的了。

左撇子是遗传还是环境造成的，科学家们至今也没有找到令人可信的答案。孩子的左右手都能运用自如，他们总是用离东西近的那只手去抓东西；而大人们总是把东西放在他们右手容易拿到的地方。一般一个孩子在半岁到一岁的时候就表现出了他的自然倾向，比如他用左手的次数比用右手的次数要多得多；大多数孩子在三岁到七岁就已经形成习惯，并且永远定型了。有意思的是，科学家还发现这种不平衡并不仅仅表现在对手的选择上，人们还常常喜欢使用一只脚、一只耳朵、甚至一只眼睛。关于脚和耳朵一般不会有反对意见，但说到眼睛，你肯定要怀疑了，那么按照下面的方法做一个简单的试验你就知道了：两眼同时注视远处的一个小物体，然后把一个手指放到眼前，让这个手指看起来位于小物体的下方，接着合上一只眼睛，如果你看到手指的位置没有变化，那么这只眼就是你的惯用眼；如果你看到手指不在原来的地方了，那么这只眼就不是你的惯用眼。

虽然今天的左撇子仍然会感到有许多不方便的地方，但是他们已经没有必要非得适应这个习惯于用右手的世界了。以前一个孩子用左手吃饭的时候，他的爸爸往往会命令他："用你的右手！"心理学家对这种做法提出了批评，他们说这样的命令会使一些孩子不知所措，甚至有的孩子因为心理紧张而开始口吃。如果你的孩子是一个左撇子，那你就这样对他说好了："你要是个左撇子，那你就做个出色的左撇子吧！"

二、根据录音内容判断正误：

1. 世界上大约有三亿人是左撇子。
2. 拉链、扣子等"右撇子们"设计的东西给"左撇子们"造成了不少的麻烦。
3. 很长时间以来，人们一直很少认真考虑左撇子的生活需要。
4. 现在左撇子已经可以买到适合自己使用的部分工具了。
5. 科学家认为左撇子是遗传造成的。
6. 孩子的左右手都能运用自如，他们总是用左手去拿东西。
7. 大人一般不会把东西放在他们右手不容易拿到的地方。
8. 孩子一般在半岁到一岁半的时候就会表现出他的自然倾向。
9. 在生活中，左撇子已经不必非得适应"右撇子"的世界了。
10. 心理学家说，如果强迫孩子使用右手，会导致孩子口吃。

听力材料3 故事两则

（一）他该不该付钱

我的朋友莫先生在一家饭馆吃了饭却不付钱，你想知道是怎么回事吗？请听录音《他该不该付钱》……

我有一位朋友莫先生，他特别能说，无论遇到什么事都要跟别人争论，直到把对方说得没话说为止。

这天，他到一家饭馆吃饭。莫先生坐下来以后，服务小姐很快就过来倒茶并问他吃什么；莫先生看了看菜单，就要了一碗面条。饭馆里的人很多，莫先生看见旁边有一位小姐在吃饺子，忽然觉得自己也很想吃饺子，他就赶忙示意服务小姐，说自己忽然想吃饺子了，能不能把面条换成饺子。服务小姐问过厨师以后说可以。时间不大，饺子上来了。也许是真的饿了，莫先生食欲特别好，三下五除二就把饺子吃完了。又休息了一两分钟，他站起身来就往外走。服务小姐不知道他是什么意思，眼看他走到饭馆门口了，小姐才有礼貌地提醒我的朋友没有付钱。

我的朋友愣了一下："请问付什么钱？"

"饺子的钱，先生。"

"饺子？饺子是我用面条换的！"

"那面条你也没有付钱呀！"

"面条我没吃啊，我还给你了，还付什么钱？"

"……"服务小姐一时说不出话来。

（二）理发师的故事

你一定听说过阿凡提吧，他可是一个又聪明又善良的人，在今天的故事里，他是一位理发师。请听录音《理发师的故事》……

阿凡提的理发店终于开始营业了。开业的第一天，许多朋友都来向阿凡提表示祝贺。正在大家高兴的时候，巴依老爷也来了。平时巴依老爷对穷人很不友好，总是想方设法欺负穷人，今天过来不知道又有了什么坏主意。

聪明的阿凡提走了过去，亲切地问："巴依老爷，请问您怎么今天有空过来转转？"

巴依老爷说："啊，是啊，听说你开了一家理发店，我过来看看。"

阿凡提又问:“你是有什么事吧?”

“我,我……我想让你给理一理头发。”

“这好办,请坐吧!”

阿凡提的技术绝对没有问题,三下五除二就理得差不多了。

阿凡提磨了磨剃刀,问:“老爷,胡子您要不要?”

“胡子? 那当然要了。”

“这好办!”阿凡提一刀就把巴依老爷的胡子刮了下来,递给巴依老爷说:“给你。”

巴依老爷一看自己的胡子被刮了下来,顿时气得连话都不会说了:“阿……阿……阿凡提,你怎么把我的胡子给刮……刮下来了?”

“老爷,这胡子不是您要的吗?”

“我要,嗐! 我要也不是让你给刮下来呀! 我要去告你!”

阿凡提倒并不生气:“老爷,你告我不要紧,那也得理完了再去呀!”

没有办法,巴依老爷只好又坐在椅子上。

阿凡提又拿起剃刀,问:“老爷,眉毛您要不要?”

巴依老爷又听说眉毛,赶忙说:“不要,不要!”

只见阿凡提一刀把巴依老爷的眉毛刮了下来,扔到了地上。

第二十四课　单元练习

说　明

教学目的：通过本课的学习，对前三课所学的内容进行一次总的复习和检测，同时引入害羞问题等新的话题，对前三课所学的功能进行补充性或扩展性练习。

话　　题：国际日期变更线、"害羞"问答、语言悖论

表达形式：依次、毕竟

功　　能：阐述与推理、置疑与添加、挑战与应战

练 习 答 案

听力练习答案

听力 1　练习二 1. ×　2. √　3. √　4. ×　5. √　6. √　7. ×　8. ×

听力 3　小测验　1. C　2. B　3. A　4. A　5. D　6. D　7. B　8. D　9. C　10. D　11. B　12. D　13. A　14. B　15. D　16. C　17. B　18. C　19. A　20. A

表达练习参考答案

练习二 选词填空：

1. 毕竟　2. 维持　3. 赶忙　4. 平衡　5. 被动
6. 自信　7. 刺激　8. 依次　9. 推迟　10. 提醒

练习三 使用指定词语完成会话：

1. A：哎，AC 米兰队在上个赛季成绩怎么样？
   B：还可以，4 胜 2 平 1 负，排名第二。　（……胜……平……负）
2. A：郑教授和刘主任对我们的试验计划怎么看？
   B：郑教授很支持，刘主任则详细地询问了很多问题。　（则）
3. A：听说小刘出差回来变瘦了，是吗？
   B：瘦多了，以至于他的儿子都认不出他来了。　（以至于）
4. A：我听说从一开始谢军就不占优势。
   B：是的，但谢军的心理素质好，最终取得了胜利。　（最终）

5. A：我还是想不出我错在哪儿了！
B：想不出你就在外边站着，直到想出来为止！（直到……为止）

6. A：你工作两年多了，感觉怎么样？
B：正如你所说的那样，开始觉得不习惯，慢慢就适应了。（正如……所说）

7. A：你当初在广州工作不是挺好的吗？为什么要调回来？
B：出于对我父亲身体的考虑，我决定还是回到他身边工作。（出于……考虑）

8. A：哎，老师说这道题怎么做来着？
B：你没有必要非得按照老师说的方法去做。（非得）

9. A：我认为孩子18岁以后就应该让他们独立生活了。
B：在这一点上，东西方的观点不太一致。（在这一点上）

10. A：我们6月12号从西安出发，经过敦煌，到兰州，又经过……
B：打断一下儿，你们是什么时候到的兰州？（打断一下儿）

11. A：马主任，我厂租用贵公司厂房的事办得怎么样了？
B：这件事得征得何经理的同意以后，才能办。（征得……同意）

12. A：你知道吗？我妈妈下岗了！
B：下岗怎么了？下岗也不意味着能力比谁差！（意味着）

13. A：你打碎了我的杯子，凭什么不赔偿？
B：如果是因为我不小心打碎的，我当然要赔，但是，你不撞我，我怎么会打碎呢？（如果是因为……但是）

14. A：李院长，我们应该怎样申请去美国留学呢？
B：是这样，首先，找到一所学校，其次，把你的材料寄去。（首先……其次）

练习四 根据题目要求完成下列会话：

1. A：我听说小常从韩国回来了。
B：这消息可靠吗？我怎么听说他今年9月才回来呢！（怀疑）

2. A：说真的，我当时真的有点害怕，已经是夜里1点了。
B：你快说，后来到底怎么样了？（追问）

3. A：我很远就看见有很多人围在那儿，就赶忙跑过去……
B：对不起，我插一句，当时你在哪儿？（插话）

4. A：这件事跟我无关，我什么也不知道！
B：不，作为公司的经理，你应该知道！（纠正）

5. A：张经理，贷款的事怎么办？
B：嗯，嗯，这件事，这件事以后再说吧！（犹豫）

6. A：我还清楚地记得你们家门口的那棵栗子树呢！
   B：还有树上的那只鸟窝！ （补充）

7. A：那家公司后来到底怎么样了？
   B：听我的一个小学同学说，那家公司时间不长就倒闭了。 （引用）

8. A：我只是想劝他早点回家，没想到他竟然对我说那么难听的话！
   B：你别忘了，他还在气头上呢！ （提醒）

9. A：你是怀疑张青拿了你的书吧？
   B：绝对是她！不可能是别人！ （断定）

10. A：第一次跟你们国家的警察打交道，我还真有点儿紧张。
   B：你又没有偷东西，你紧张什么？ （反问）

录音材料

听力材料 1　国际日期变更线

世界上有这样一条线，每天在它的西边开始，在它的东边结束。你知道这条线在哪儿吗？请听录音《国际日期变更线》……

地球每天自西向东旋转，早晨、中午、晚上则自东向西依次在世界各地循环出现。那么地球上新的一天究竟应该从哪里开始，到哪里结束呢？关于这个问题，历史上曾经有过不少争论，也产生过不少误会和麻烦。据说有一次俄国的一位商人在 9 月 1 日早上 7 点给他在洛杉矶的一位朋友拍了一份电报，可是后来他的朋友告诉他说他是 8 月 31 日 9 点多收到电报的。这简直让人有点莫名其妙，明明是 9 月里拍的电报，怎么会在 8 月里收到呢？类似这样的误会历史上曾经发生过不知道多少次。

为了避免日期上的混乱，1884 年国际经度协会确定了一条线，把这条线作为地球上"今天"和"昨天"的分界线，称为"国际日期变更线"。这条线位于太平洋中的 180 度经线上，北起北极，南到南极。为了避免在同一个国家中同时存在两种日期，这条线并不是一条直线。这条线上的零点，是日期的分界时间。按照规定，无论什么时候经过这条线，日期都要发生变化：从东向西经过这条线时，日期都要加上一天；从西向东经过这条线时，日期都要减去一天。

国际日期变更线是一天开始和结束的分界线，因此它所通过的东西 12 时区就成为一个十分特殊的时区。在这个时区里，时间是一样的，而日期却不同，分界线两边的日期整整相差一天，西边要比东边早一天，东边要比西边晚一天。居住在国际日期变更线西边的人，是全世界迎接新年最早的人，而居住在这条线东边的人，却要等待 24 小时之后才能过新年。

二、根据录音内容判断正误：

1．地球每天自西向东旋转，早晨、中午、晚上自西向东依次在世界各地出现。

2．那位商人是在9月1日早上7点给朋友拍的电报。

3．他的朋友是在8月31日9点多收到电报的。

4．为了避免日期上的混乱，国际经度协会于1844年确定了国际日期变更线。

5．国际日期变更线位于太平洋中，北起北极，南到南极。

6．国际日期变更线上的零点是今天和昨天的分界时间。

7．从东向西经过这条线时，日期要减去一天。

8．在东西12时区，如果国际日期变更线西边是8月31日早上7点，国际日期变更线东边则是9月1日早上7点。

听力材料2　“害羞”问答

你经常会害羞吗？你知道人为什么会害羞吗？如果邻居家的小姑娘很害羞，你知道应该怎样帮助她吗？请听录音《“害羞”问答》……

主持人：唐教授，您从事心理研究这么多年了，请你谈谈害羞的人的心理活动，还有就是害羞的人在我们这个社会中的比例到底有多少。

唐教授：害羞的人一般都缺乏自信，过分自卑，他们害怕跟别人打交道，或者说他们是怀疑自己跟别人相处的能力。6年以来，我们研究所做了大量的心理调查。调查结果显示呢，认为自己害羞的人高达40%，这个数字是我们没有预料到的。更让我们吃惊的是，有许多名人都认为自己害羞，他们在公共场合，比如电视上，宴会上，都表现得很自然，很随便，但他们自己说他们也在忍受着害羞心理的煎熬。

主持人：请问有天生就害羞的人吗？

唐教授：根据我们目前研究得出的结论，答案是否定的。我们认为害羞心理是人们在家庭、学校等一系列特殊的条件和环境下形成的。在我们调查的害羞者中，有四分之一的成年害羞者在儿童时代并不害羞，啊（笑），我的意思是他们并不知道害羞，（笑）还是，还是不害羞。也有很多被调查者，他们小时候害羞，长到一定年龄的时候，却变得不害羞了。所以我们认为害羞心理不是天生的，是可以改变的。

主持人：那女性是否更容易害羞呢？

唐教授：不是这样，害羞的男女比例是相等的。在社会交往中，一般男性应该更主动一些，而害羞正好会妨碍这种主动性；从这个角度来看，害羞的问题对男性会更突出一些。

主持人：害羞是否一定是个缺点呢？

唐教授：嗯，害羞有时也会让人显得可爱，比如，害羞者一般都会认真地听别人讲话，不去抢别人的话题。但调查结果显示呢，认为害羞是长处的毕竟是少数，超过70%的人肯定地认为害羞是一种当然的心理弱点，因为害羞使人很难跟陌生人打交道。有时候害羞者不能清楚地、充分地表达自己的观点，如果害羞者所做的是经理、教师或者律师这类工作的话，那就要带来许多工作上的麻烦了。最让人担心的是，害羞的人因为缺少跟别人交流，他们很容易产生孤独感，过多的孤独感对人的性格发展是极为不利的。

主持人：那么你能不能解释一下害羞产生的原因是什么？

唐教授：我想，害羞心理产生的根本原因是害羞者过分地追求安全感，不想冒险；害羞者的行为总是被他人和环境所……所影响，所支配，他们在社会交往中总是处于被动地位。他们在事业方面、爱情方面失败的可能性很大。

主持人：我们应该怎样帮助害羞者呢？

唐教授：害羞者总是担心自己被别人否定，他们认为别人一直在看着他，在评论他的行为。所以，当父母的从小就应该告诉孩子，大家都喜欢他，让他对自己有足够的信心，不要总是怀疑自己，多想想别人的缺点也是有好处的。总的来看，大多数害羞者是完全可以克服这种，这样的心理的。但如果"症状"特别严重的话，那最好还是去找心理医生看一看。

听力材料3　小测验

先听录音，然后根据提问，在A、B、C、D四个答案中选择一个最恰当的答案，用圆圈圈起来。

1. 全国足球甲B联赛第四轮比赛昨天降下帷幕。在前三轮比赛中一直保持甲B排名第一的广州宏远队昨天客场不敌重庆红岩队，以0:4战败，失掉了排名第一的宝座。至此，甲B联赛前三名依次为云南红塔队、广州宏远队、天津泰达队。

   问：目前全国足球甲B联赛排名第一的是哪个队？

2. 目前我市的经济看上去似乎呈现出一片繁荣景象，作为市领导，我们应该看到经济发展中存在的问题。

   问：说话人对该市经济情况持什么态度？

3. 一般我们认为比较聪明的人应该更快乐一些，但根据一家研究机构的调查结果，答案却是否定的。他们认为，聪明人往往会发现自己更多的不足，因此他们更容易感到忧愁；该调查还发现，聪明人从精神或肉体的不平衡状态中恢复过来的能力也比较差。

问：下列说法中哪一个是正确的？

4. “国力”、“北国”、“中山”都是当地不相上下的大商场，也是互相竞争的主要对手。但因为服务质量和经营方式等方面的优势，前者在两年内脱颖而出，独自占领了当地零售市场的70%。

问：现在当地哪一家商场经营规模最大？

5. 当初他还犹豫的时候，朋友也劝他，老师也劝他，父母更是强烈反对，但他最终还是去了海南。我想应该是女朋友对他的支持起了主导作用。

问：影响他选择的最重要的因素是什么？

6. 无论男人还是女人，鼻子的作用都是一样的；但男人和女人鼻子的能力却有不同，一般来说，女人鼻子辨别不同气味的能力比男人要强一些，对气味环境的意识也是这样；而在感觉是否有气味方面，女人的鼻子却没有男人的鼻子灵敏。

问：男人的鼻子在哪个方面比女人的鼻子灵敏？

7. A：女朋友我也谈了好几个，不是不漂亮，就是性格不满意。

B：小王啊，哪有那么两全其美的事啊！

问：第二个人说话的目的是什么？

8. A：今天语法课的老师说，因为你缺课太多了，要取消你的考试资格。

B：无所谓！

问：第二个人是什么意思？

9. A：他请了我好多次了，其实我也不是不愿意去。

B：那你何乐而不为呢？

问：第二个人是什么意思？

10. A：作为董事会的成员之一，我坚决反对买入金鱼公司的股票！

B：我倒觉得你还是回家休息休息的好！

问：第二个人是什么意思？

11. A：对这件事你现在怎么看？

B：我的看法跟以前一样，我始终认为这个计划对我们公司弊大于利。当然了，你可以听，你也可以不听。

问：第二个人以前对公司的计划持什么态度？

12 ~ 13

在香港，由于价格下降，家用电脑已经基本普及。据调查，到1998年年底，已有41%的香港家庭安装了电脑。在这些电脑用户中，有36%的用户表示主要是用电脑来学习，55%的用户经常用电脑做一些与工作相关的项目。另外还有

18%的用户长期上网,在上网的用户中,80%用于搜集信息,70%用于电子邮件通讯,38%用于交流,还有29%的用户用于游戏娱乐。从整体来看,香港家庭平均每星期上网8小时。

12. 问:在香港的电脑用户中,经常将电脑用于工作的占多少?

13. 问:电脑对于上网的用户来说,最大的用途是什么?

14~16

微生物学家做了这样一个测定,把一批消毒的玩具交给孩子玩了10天以后,检查上面的细菌数。结果是让人吃惊的,塑料玩具上的细菌数竟达到了3000个,铁皮、金属玩具将近6000个,木质玩具上也有5000多个,而且玩具上肯定还会有许多病毒。玩具是孩子的伙伴,而玩具这样危险,孩子将不可避免地受到污染,所以对年轻的父母们来说,经常对玩具进行消毒是必要的。玩具的消毒并不难做到,塑料玩具可以用消毒水浸泡、清洗,铁皮、金属玩具可以用肥皂水擦洗,木质和一部分橡胶玩具可以用开水烫,最难对付的毛皮玩具放在日光下晒几个小时也可以达到消毒的目的。

14. 问:哪种玩具上的细菌数最多?

15. 问:毛皮玩具的消毒方法是哪一种?

16. 问:这段文字主要是写给什么人的?

17~20

由国际航空联合会主办的'99中国杯世界特技飞行大奖赛将于9月11日至11月1日在我国8个城市举行。目前在世界排名前16位的特技飞行大师都将参加这次比赛,参赛选手中还有4名女性。本次比赛是到目前为止国际航空联合会水平最高的赛事,也是中国航空史上空前的盛事。

本次大奖赛首先在上海的龙华机场拉开帷幕,然后依次在南京、济南、天津、石家庄、郑州、武汉、长沙七个城市巡回比赛,每个城市举行3天,每天一场。运动员的成绩采取积分制,按总分的高低排出最后名次。参赛飞机共分为三个型号,分别是由德国和俄罗斯生产的。

比赛期间,世界著名的英国"金梦"特技飞行表演队和中国跳伞队还将进行特技飞行和花样跳伞表演。

17. 问:'99中国杯世界特技飞行大奖赛开幕式将在哪个城市举行?

18. 问:本次比赛在石家庄比赛几场?

19. 问:本次比赛期间将进行表演的是下面的哪个队?

20. 问:关于这次比赛,下列说法中哪一个是正确的?